最新版 いちばんたのしい

レクリエーション ゲーム

小山 混

JN027833

主婦の友社

レクリエーションゲームを
楽しむみなさんへ

　レクリエーションとは、Re＝再び、Creation＝創造すること。仲間と集って楽しく遊ぶことで、日ごろの疲れた体や凝り固まった頭を癒し、元気を再生産することです。

　最近では地域交流の必要性が叫ばれ、そうしたシーンでレクリエーションゲームが見直されています。テレビゲームやアニメに夢中になりがちな子どもたちのコミュニケーション力を高めるためのゲーム、元気な高齢者の知力・体力キープのためや、高齢者施設でのリハビリを兼ねたゲームのニーズも高まっています。また、来日する外国人も増えているので、国際交流の一環としてや、うちとけるツールとしてゲームをすることもおすすめです。

　この本では、実に110種類以上、ピリ辛の罰ゲームを含めると全部で130種類ほどのゲームを紹介しています。どのゲームも、実際に遊んでヒートアップしたものを厳選しているので、楽しさは保証済み！　ゲームを盛り上げるためのノウハウがたっぷり詰まっています。

　ルールを瞬時に理解できたり、乗れるリズムがあったり、所要時間がちょうどよかったりなど、人気のゲームには人々を魅了する理由があります。でも、どんなに人気のレクリエーションゲームでも、いつもやっているとマンネリになりがち。ところが、そんなゲームでもちょっとアイデアをプラスするだけで、今風なゲームに生まれ変わります。そこで、この本では最新のゲームを収録する一方で、みんなが知っているおなじみのレクリエーションゲームを再生させるアイデアを随所に盛り込みました。

　それぞれのゲームの解説では、絵を見ただけで、すぐにゲームが始められるようにイラストをふんだんに載せました。

　さらに、リズムゲームや手遊びゲームのいくつかは、動画をYou Tubeで見て確認できるようにしました。

　この本を活用して世代を超えてみんなでレクリエーションゲームを満喫し、楽しいひとときを過ごしてください。

小山 混

CONTENTS

ゲームの頭に＊がついているものはアレンジゲームです。

Part 1　きずなが生まれる コミュニケーションゲーム

Part 2　のんびりなごむ 歌&手遊びゲーム

Part 3 リズム感&俊敏性アップ! テンポ&スピードゲーム

Part 6　想像力をきたえる　心理戦ゲーム

罰ゲーム

レクリエーションゲーム

Q1

ゲームを始める前に大切なことは？

A ゲームは事前の準備がとても大切。以下の項目を確認しておくといいでしょう。

□ ゲームの目的・どんな人が参加するかを考えよう
□ ゲームをできるだけの、十分なスペースがあるかな？
□ 手助けしてくれるスタッフはいるかな？
□ 小道具は全部用意できるかな？

Q2

ゲームはどう選べばいいの？

A ゲームをするシーンはさまざま。まだお互いによく知らない人どうしで行うならコミュニケーションを重視したゲームを、体を動かしたいなら運動ゲームをと、本書は目的別にレクリエーションゲームを紹介していますので、参考にしてください。また、各ゲームには、人数や場所、メンバーの構成員などから選べるアイコンもつけましたので、ご参考に（アイコンの説明はP10）。

Q3

やり方がわからないときはどうすればいい？

A イラストと文章を見て、まずは仲間とトライしてみてください。ゲームはやってみることで、新しい発見があり、楽しさが実感できます。また、本書で紹介したうち17のゲームは、動画でも確認することができます（P10参照）。

Q4

リーダーが心がけることは？

A ゲームに参加する人は、子どもから高齢者の方までさまざまです。みんなが安全に気持ちよくゲームができるように注意を配りましょう。ゲームを行う前に、下の項目をチェックしておきましょう。

□ 床は平らかな？
□ 周囲に危険な障害物はない？
□ ケガをしそうな小道具はない？

リーダーの役割は大切！

Q&A

ゲーム前に
チェック！

Q5

ゲームをスムーズに
進行させるには？

A リーダーの声がけが大事なポイントです。ゲームの進行をよく理解できない人がいないか、ゲームに飽きてしまった人がいないかを観察し、「○○さん、わかった？」など声をかけてあげるようにしましょう。また、ゲームには段どりが不可欠。必要な小道具をきちんと準備しておくことも、進行をスムーズにするうえで大切です。この本では、わかりやすくゲームの進行を載せましたが、「こっちのやり方のほうがおもしろい！」と思えば、自分たちなりにアレンジして構いません。

Q6

制限時間は必ず
守らないといけない？

A ゲーム中で紹介している制限時間は、ゲームを盛り上げるのに適した時間をあらわしています。また、ゲームを行う回数もとても大切。やりすぎると、みんな飽きてしまいます。盛り上がっているとき次にいくのが、おすすめです。

Q7

罰ゲームはやらなきゃ
いけないの？

A 罰ゲームは、「罰ゲームをやりたくないから、がんばる」などと盛り上がる動機にもなりますし、レクリエーションの締めとしての役割もあります。ただし、その場の雰囲気やメンバーを考慮して、いじめやパワハラ、セクハラなどに発展しないよう気をつけましょう。

この本の見方

ゲームを楽しめるよう、さまざまな工夫を盛り込みました。

それぞれのゲームに適した人数、場所、時間の目安。人数に、リーダーは入っていません。

ゲームを盛り上げるポイントや、事前に知っておくべき注意点など。

ゲームに必要なものや必要数など。

アイコンの説明

- 子どもにおすすめ
- シニアにおすすめ
- 座ったままできる
- 車内でもできる
- （日本語ができない）外国人にも楽しめる

手作りの道具が必要な場合は、作り方をイラスト入りで解説。

そのページのゲームを少し変えたり、使う道具をチェンジしたりして、楽しみが広がるゲーム。

そのページのゲームに続けて行うと盛り上がるおすすめゲーム。

動画でもゲームの確認ができる！

本書掲載のリズムゲームや手遊びなど、見て確認したい17のゲームについては、スマホやパソコン、タブレットなどから、YouTubeで動画が見られます。

動画の見方

- QRコードからサイトへアクセスします。QRコードは、該当のゲームのページ（ゲーム名の右横）に載っています。
- 動画の再生速度や画質は、YouTubeの設定で変えられます。
- 本と動画でゲームの細部が異なる場合もあります。

※動画サービスにつきましては、予告なく終了させていただく場合がございます。あらかじめご了承ください。

Part 1

きずなが生まれる

コミュニケーションゲーム

ワイワイといっしょに楽しむうちに、
団結力やチーム力がアップするゲーム。
お互いまだよく知らないどうしも
スムーズにうちとけられます。

笛の合図でタマ出し開始

あっち行けホイ！

このゲームはイスに座ってやります

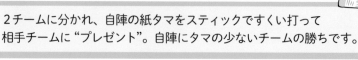

2チームに分かれ、自陣の紙タマをスティックですくい打って
相手チームに "プレゼント"。自陣にタマの少ないチームの勝ちです。

人数
6〜20人

場所
室内

時間
20〜30分

笛の合図で
スタートだよ

よ〜い

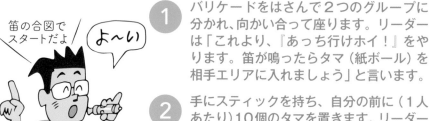

1. バリケードをはさんで2つのグループに分かれ、向かい合って座ります。リーダーは「これより、『あっち行けホイ！』をやります。笛が鳴ったらタマ（紙ボール）を相手エリアに入れましょう」と言います。

2. 手にスティックを持ち、自分の前に（1人あたり）10個のタマを置きます。リーダーの笛の合図で、タマを相手のエリアに出しましょう（制限時間は2分）。

嵐の前の
静けさ…

1人10個のタマ

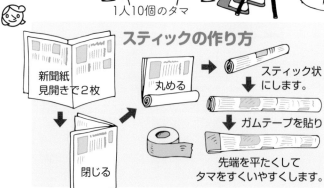

スティックの作り方

新聞紙
見開きで2枚

↓

閉じる

丸める

→ スティック状
にします。

↓

ガムテープを貼り

先端を平たくして
タマをすくいやすくします。

タマの作り方
（1人10個×人数分）

タマは新聞紙の
片面1枚で作ります。
丸めて（直径約10cm）
ガムテープで止める。

Point

● 対戦ゲームはエキサイトしがち。高齢者が多い場合は、対戦時間を1分に短縮するなど調整しましょう。
● バリケードはティッシュの箱くらいがベスト。高くするほど難易度が上がります。
● 隣り合う2人で協力してスティックでタマを持ってもOK。
● 場外に飛んだタマはリーダーや観客が拾って入れましょう。
● 終了したら全員で数を数えましょう。

3 自陣にあるタマは、どんどん相手エリアにすくい返します。リーダーは2分で終了の笛を吹きます。終わったら自陣のタマを数え、タマ数の少ないチームの勝ちです（3～4回トライして勝敗を決めます）。

ア レ ン ジ

風船ホイ！

バリケードを1mくらいに高くして、風船でやるのも楽しい。当たっても痛くないので、高く浮き上がった風船をスマッシュしてもOK。
風船は1人＝5～7個。スティックは同じように作ります。

続けてやると楽しい あっち行けホイ！ → 巻き巻きボール（P14） → こんにちは（P18）

13

手指の体操にも！

「よ～いドン」でドンドン巻け巻け！

巻き巻きボール

ラップの芯とボールを毛糸で結び、芯を回してボールを巻き上げます。
巻き上げ戦が終わったら、巻き戻し戦もあるよ！

人数
10～15人

場所
どこでも

時間
20～30分

個人対抗戦

1 3mの「巻き巻きボール」を人数分用意します。糸をぜんぶ伸ばした状態で、筒の両横を持ちます。「よ～いドン」の合図でスタート。指先で筒を回転させ、糸を巻き取ります。巻き上げ終わったら、大きな声で「ハイ！」と叫びます。1回戦は、早く巻き上げてボールを最初に手にした人の勝ちです。

2 2回戦は、巻き上げた糸を逆回転で巻き戻します。筒を回転させ、いちばん早く糸を戻し切った人の勝ちです。終わった人は「ハイ！」と叫びます。

3 3回戦は、①と②を連続して行います。まず、糸を巻き上げ終わったら「ハイ！」と言い、そのまま続けて巻き戻して「ハイ！」と最初に言った人の勝ちです。これを2～3回繰り返します。

あと少し

せっせっ

せっせっ

せっせっ

クルクルクル

クルクルクル

巻け巻け

巻き巻きボールの作り方

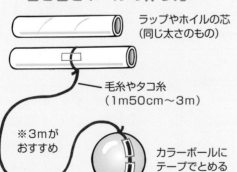

ラップやホイルの芯
（同じ太さのもの）

毛糸やタコ糸
（1m50cm～3m）

※3mが
おすすめ

カラーボールに
テープでとめる

3メートルはキツイぜよ

クルクルクル

戻すのも タイヘン！

クルクル クル

チーム戦 ① 2つ以上のチームに分かれ、各チームの最初の人が 巻き巻きボールを1つずつ持ちます。糸をぜんぶ伸 ばした状態で、足元にボールを置いてスタート。 「よーいドン」の合図で糸を巻き取って次の人に渡 し、次の人は糸を巻き戻します。そのあと同様に1 人ずつ、巻き取る→巻き戻す→巻き取る……を繰り 返し、最後の人がいちばん早く終わったチームの勝 ちです。

② 3人対3人など人数が少ない 場合は、最後の人まで行った らUターンして最初の人へ。 最初の人が早く終わったチー ムの勝ちです。これを2〜3 回繰り返します。

よ〜い ドン！

せっせっ

指が 忙しい

あた ふた クル クル

それそれ クル クル

クル クル

クル クル

クル クル クル

名前の数で手をつなぎ、くっつく

どうぶつフレンド

「フレンド」
の叫びのあと
要注意！

子どもに大人気の「手つなぎ集合」ゲームです。リーダーが言った動物の
名前の文字数（音数）の人数でくっつきます。

人数
10
〜
40
人

場所
室内・屋外

時間
30
〜
40
分

1 リーダーは、「これから『どうぶつフレンド』やりま〜す。ぼくが
言った動物の文字の数だけ友だちと手をつなぎましょう。パンダ
なら3文字だから3人、ライオンは4文字なので4人で集まりま
す」とルールを話します。

2 リーダーは、「はじめに、どうぶつと仲よくなるための合言葉を大
声で叫びましょう」と言い、次の4つの言葉を叫び、全員で復唱
します。
①どうぶつは友だちだ〜！　②どうぶつはかわいい〜！
③どうぶつが大好きだ〜！　最後に、④どうぶつはフレンドだ〜！
と叫ぶとゲームが始まります。

ボクに続けて
同じように
言ってね

どうぶつは友だちだ〜！

どうぶつは友だちだ〜！

Point

● リーダーは、2字から6字の動物の名前を書いたメモを用意しま
しょう。
● 人数が少なくなってきたら、少ない文字数の動物を選びましょう。
● 人数がそろわなかった人は、「アウト」のスペースに移動します。
● これをくり返し、最後まで残ったグループの勝ちになります。3
〜4回で終了します。

3 みんなが「どうぶつはフレンドだ～！」と叫び終わったら、リーダーは続けて、「パ・ン・ダ」と動物の名前をゆっくりはっきり叫びます。これを合図に、みんなは近くの人と手をつなぎます。

アレンジ
くっつき天国

❶リーダーが「ピー」と笛を吹いたら、みんなは大きな輪になって音楽のリズムに乗って歩きます。
❷リーダーは適当なところで音楽を止めます。
❸「ピッ、ピッ」2回笛を吹いたら2人、「ピッ、ピッ、ピッ」と3回吹いたら3人のグループになります。
❹一度終わったらバラバラになり、また円になって今度は逆方向に音楽に合わせてスタートします。

続けてやると楽しい どうぶつフレンド ➡ じゃんけん列車（P100）➡ 夜店屋さん（P104）

あいさつして隣の人にボールを渡す

こんにちは さようなら

動画が見れる！

※動画の詳細はP.10

ボールを右か左か気の向くままに渡します。だんだんスピードに乗ってくると、さあどっちが「こんにちは」だっけ？

1 円形になります。立っても座ってもOK。1人がボールを持ち、左右どちらかの人にボールを渡します。右の人に渡すときは「こんにちは」、左の人に渡すときは「さようなら」と言います。ボールを渡された人は、同じようにして次の人に渡します。

人数
6〜15人

場所
室内・屋外

時間
15〜20分

18

● ゲームは自然にスピードアップします。反射神経をみがきましょう。
● 左右に渡すときの言葉を入れ替えると混乱しておもしろい。
● 言葉を「おはよう」「おやすみ」や、「Hello」「Good bye」と英語に変えるアレンジも。
● 人数が多いときは何組かに分けます。1組は6〜10人がベスト。
● ゴムボールのかわりに、空ペットボトル、ハンカチ、何でもOKです。
● 10人以上ならボールを2個使っても楽しい！

2 だんだんスピードアップします。ただ、高齢者だけでゲームをするときはスローペースでOK。ゆっくり考えながらボールを渡すだけでも軽い運動になり、集中力アップにも役立ちます。

続けてやると楽しい こんにちは さようなら ➡ 丸めてアンブレラ（P98）➡ フルーツバスケット（P108）　　19

風船ふわふわうちわにのせて

フーセン宅配便

声をかけ合って
風船を
運ぼう！

うちわにのせた風船を次の人が持ったうちわにのせ、次々に運んでいきます。風船がふわふわ浮いてけっこう難しい。

人数
10〜20人

場所
室内

時間
20〜30分

1　片手でうちわを持ち、風船をのせます。「よーいドン」で、先頭の人は風船を次の人が持ったうちわにのせ、次々に運んでいきます。

風船をあおぐのは
反則だよ！

2　早く風船をいちばん後ろに送ったチームの勝ち。いろんな送り方があるので、工夫してみてください。

フワ

風船をはさんで回すと
スピードアップするよ

席は立たないで、
座ったままで
届けま〜す

よ〜い

フワフワ

危ない！

来い来い

Point

● 走行中のバスの中で行う場合、シートベルトを着用し、「立ったら反則」を徹底します。風船を運転席へ飛ばさないよう注意。
● バスでのレクリエーションを盛り上げるには、おやつタイムの前に行うこと。買ったチームに「賞品」としてお菓子を配り、負けたチームにはそのあと「残念賞」として配ります。
● 2回でゲーム終了。

用意するもの

うちわ
（人数分）

風船
（チームの数以上）

アレンジ 〜やさしい編〜　お隣フーセン宅配便

身長差があったり、腕をあげられない人がいる場合は、
イスを横に並べ、風船を隣の人に渡していきます。

アレンジ 〜難しい編〜　うちわ風船丸ごとリレー

2枚のうちわを左右に持って、風船をはさみます。
それを丸ごと次の人に手渡ししてリレーすると、
ちょっと難しいリレーになります。

風船をうちわではさんだ
丸ごと3点セットを
リレーしま〜す

落とす
なよ！

しっかり！

続けてやると楽しい フーセン宅配便 ➡ 巻き巻きボール（P14）➡ カード物語（P38）

呼吸を
合わせて
ワッショイ！

ボールを穴から落とさないように

おみこしレース

穴のあいた新聞紙にテニスボールをのせ、落とさないようにターンして
戻ってきます。慣れると、バランスよくボールをコントロールできるよ。

人数
6～
20人

場所
屋外・広い室内

時間
30～
40分

1 ペアになり、穴をあけた新聞紙の四隅とボールを持って待機します。
「よーいドン」の合図で、ボールを新聞紙にのせてスタート。

2人1組がベストですが、参加
人数が多い場合は4人1組で
もOK。

うぉ～い

スタート時は、ボールを指
でキープしておきます

ボール

ボール

スタート
ライン

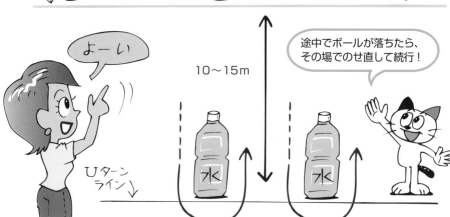

よーい

10～15m

途中でボールが落ちたら、
その場でのせ直して続行！

Uターン
ライン

水

水

Point

● 穴の大きさは、テニスボールが通る直径10cmくらいにしましょう。
● 新聞紙の穴は何カ所あけてもOK。1カ所でも穴を大きくするなどの工夫をするとゲームが楽しくなります。
● テニスボールのかわりに、ピンポン玉でもOK。ただし、ピンポン玉は軽いので、屋外で風の強い日は飛ばされてしまうので不向きです。

用意するもの

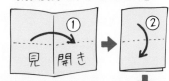

ペットボトル
（ペアの数）

硬式テニスボール
（ペアの数）

ハサミ

新聞紙

新聞紙の穴のあけ方

② ボールを穴から落とさないようバランスをとりながら運びます。

スリル満点

コロコロ

新聞紙を2回折ってAの角をちぎります。
（数枚重ねてハサミで切れば、同じ大きさの穴があいた新聞紙が何枚も作れます）。

さらにもう1回折り、Bを切ると3カ所の穴が作れます。

③ 指で押さえたり、新聞紙の角を立てての落下防止は反則です。

折り

×

指

×

④ いちばん先にスタートラインまで戻ってきたチームの勝ちです。

ウーイ

タヌキチームの勝ち～！

イェーイ!!

パチパチ

続けてやると楽しい おみこしレース ➡ 風船サンド（P32）➡ じゅうたんレース（P117）

通して、くぐって、輪と和をつなぐ
ロープリレー

ゆるく結ぶのが
勝利のコツ！

輪にしたロープを体に通して、ロープを次々に隣の人に渡していくリレー。輪を大きめにすれば、不器用な人でも大丈夫。

人数
10
〜
20
人

場所
室
内
・
屋
外

時間
30
〜
40
分

1 リーダーを1人決めたら、各チーム一列に並びます。トップの人はロープを手に持っておきます。このとき、ロープはまだ結びません。

A 輪を結んで
くぐる人 → B 輪を
ほどく人 → A → B → A

よーい

トップ

2 リーダーの「よーいドン」の合図で、トップの人はロープを結び、その輪を下から（足から頭に）くぐり抜けます。

Point
- 1チームは5〜6人がベスト。
- ロープの結び目は、なるべくゆるく結ぶのがゲームを早く進めるコツ。
- せっかくロープをゆるく結んでも、くぐり抜けるときにロープを引っぱると、結び目が固くなってしまうので注意して。
- ロープの結び→ほどきが難しいときは、はじめから結んで輪になったロープを順次くぐっていくリレーにしてもOK。

太めのロープ
（1.5m×チームの数）

③ 次の人はロープの結び目をほどき、また次の人へ渡します。「結んでくぐる」→「ほどく」をくり返し、最後の人までいったら、Uターンしてトップまで戻ります。早く戻ったチームの勝ちとなります。

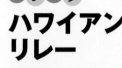

動画が見れる！

チーム全員で手をつなぎ、1本のレイを体に通して隣へ回していくゲームです。手を離したらアウトでやり直しになります。
レイを2本使い、時間差で回すと楽しい。

※動画の詳細はP10

続けてやると楽しい ロープリレー ➡ ハワイアンリレー ➡ 風船サンドリレー（P32）

お隣さんと協力して楽しむ
ピンポン玉 反転リレー

家にある
スプーンで
できる

ピンポン玉を渡す人と受け取る人が、息とタイミングを合わせることで
盛り上がるレクリエーションゲームです。

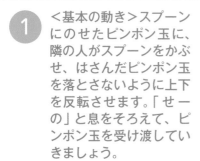
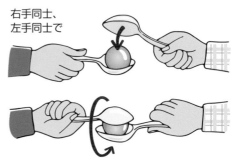

1 <基本の動き>スプーンにのせたピンポン玉に、隣の人がスプーンをかぶせ、はさんだピンポン玉を落とさないように上下を反転させます。「せーの」と息をそろえて、ピンポン玉を受け渡していきましょう。

右手同士、左手同士で

2 最初は隣の人とピンポン玉の受け渡しの練習をしましょう。タイミングやコツがつかめたら本番です。「よーいドン」や笛の合図でスタート。隣の人に渡していき、最後の人まで行ったらUターンして戻ります。早く往復したチームの勝ち!

よーい
ピーッ
かぶせて
回す
ワクワク
早く〜

人数
4〜20人

場所
室内

時間
15〜20分

Point
●対抗戦にせず、1組で往復させても楽しめます。
●身近なカレー用の大スプーンを使うので、準備しやすいゲームです。

用意するもの
カレー用の大スプーン (人数分)

ピンポン玉
(5〜6個)

ピンポン玉を「いただきま〜す」

ピンポン玉 割りばしリレー

お隣さんのカップに入ったピンポン玉を割りばしでつまんで
自分のカップに入れます。しっかり発声するのもポイントです。

透明カップに入ったピンポン玉を、隣の人が「いただきます」と言って割
りばしでつまみ、落とさないように自分のカップに入れます。同様に、
そのカップを「はいどうぞ」と次の隣の人に差し出し、隣の人は「いただ
きます」とつまんで自分のカップに。最後の人まで行ったらUターンし
て戻ります。早く往復したチームの勝ち！

人数
4
〜
20
人

場所
室内

時間
15
〜
20
分

Point

● 最初の人は「はいどうぞ」から始
まり、最後は「いただきます」とカッ
プに入れて終了。
● 「はいどうぞ」と「いただきます」
の言葉を発声するのが大切です。
● 対抗戦にせず、1組で往復させて
もOK。

I made it!　Great!

用意するもの

透明カップと
割りばし
（人数分）

ピンポン玉
（5〜6個）

続けてやると楽しい ピンポン玉（P26・27）➡ 巻き巻きボール（P14）➡ 丸めてアンブレラ（P98）

みんなで「にぎにぎ」すれば怖くない

にぎにぎ電流クイズ

汗かき注意!

隣の人の手を早くにぎって、まずクイズの解答権をゲット! クイズに正解できるか否かは運まかせ。スピードにぎにぎで盛り上がろう!

人数 10〜20人

場所 室内・屋外

時間 20〜30分

1 リーダーを1人決め、それ以外の人は5人以上のチームを作って一列に並びます。リーダーは、その場にいる全員に聞こえるようにクイズを出します。

クイズを出します トップの人は答えがわかったら次の人の手をにぎってください

トップの人

2 クイズを聞いたら、トップの人から順に隣の人の手をにぎって電流のように伝えていきます。答えはわかっていなくてもOK。とにかく早く流しましょう。

問題いきます

オリンピックで金メダルをとった選手は?

OK! スタート

ハイ

ピッ

ピ

28

Point

●問題は、なるべくみんなが答えられるように、複数解答があるものを選ぶようにしましょう。

●クイズの答えがわかった瞬間、条件反射で手を強くにぎってしまわないように注意して。必ず隣の人から電流が来てから、手をにぎるようにしましょう。

出題例 ▶

●今まで総理大臣になった人は？
●これまでオリンピックが開催された都市は？
●サイコロの目、1の裏は？
●海に面していない都道府県は？
●現在のサッカー日本代表といえば？

★なれてくると　かなり速いスピードで伝わる

ハイ！

アンカー

うさぎチーム早い！

解答権

③ リーダーは、いちばん早くアンカーが手をあげたチームに解答権を与えます。そしてそのチームの中から、ランダムに解答者を選び、答えさせます。間違えたら、解答権は次に早かったチームに移ります。

じゃあ～ミワさんどーぞ

ホラあの人

えーっワタシ！？

ぜ、ぜんぜんわかんな～い

ナガシマさん！

ブー

このゲームは、何問できるかより、みんなで手をにぎり合って遊ぶところが楽しいよ！

ではウシチームの牛山さん

モ～内村航平

イェーイ

ウシチーム1点

MILK

ガッシリからみ合おう！
人間知恵の輪

恥ずかしい
格好に
なることも

「知恵の輪」の人間バージョン。チームメイトと手をつなぎ、複雑にからみ合って、相手チームがほどけないようがんばろう。

人数
15〜30人

場所
屋外・広い室内

時間
20〜30分

① 2つ以上のチームに分かれ（1チームは10人前後がベスト）、先攻or後攻を決めます。まず先攻チームは内側に向かって全員で手をつなぎ、輪になります。このゲームでは、つないだ手は絶対に離してはいけません。

ピーッ！

輪になって

手を離しちゃダメだヨ

② リーダーの「スタート」の合図で、先攻チームは人と人の間をくぐったり、またいだりしながら輪を複雑にからませていきます。制限時間は2〜3分。後攻チームはその間後ろを向き、相手チームが知恵の輪を作っているところは見ないこと。

このへんをくぐって

Point

● 知恵の輪を作る時間は、ようすをみながら2～3分にしましょう。時間をかけすぎると、複雑すぎる形になったり、子どもが手を離してしまいます。

● 知恵の輪を解く時間は5分を目安に。早く解けたチームの勝ちですが、時間内に両チームとも解けなかった場合は、「引き分け」か「再試合」です。

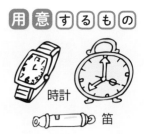

用意するもの

時計

笛

③ 時間がきたら、リーダーは「ストップ」をかけます。後攻チームは、できあがった「人間知恵の輪」を囲み、全体を観察してから制限時間内にこれを解いていきましょう。

④ リーダーは解く時間をはかります。制限時間内にできるだけ早く解けたチームの勝ち。

続けてやると楽しい 知恵の輪 ➡ どうぶつフレンド（P16）➡ 人間バームクーヘン（P124）

2人の呼吸をピッタリ合わせて
風船サンドリレー

顔と顔の間に風船をはさんで、落とさないようにターンして戻ってきます。バランス感覚と2人の息がぴったり合えば、意外に簡単？

人数
16〜32人

場所
屋外 広い室内・

時間
20〜30分

1 ペアのチームを作ります。顔と顔の間に風船をはさみ、リーダーの「よーいドン」でスタートします。
20〜30m先にあるペットボトルをUターンして戻りましょう。

スタートライン

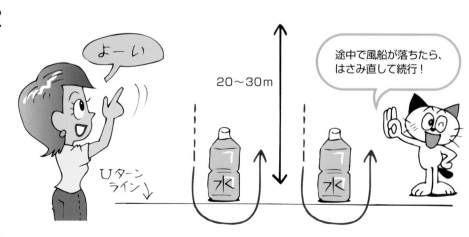

よーい

Uターンライン

20〜30m

水　水

途中で風船が落ちたら、はさみ直して続行！

Point

● 風船を運ぶとき、手で風船をさわるのは反則です。

● 風船をふくらませる大きさも勝負の大事なポイント。小さくすると簡単ですが、恥ずかし度はアップします。

● 風船を落としたら、その場で止まって再セットしてゲームを続けます。

● 男どうし、女どうし、子どもどうしのペアでもOK。男女のペアだと盛り上がります。

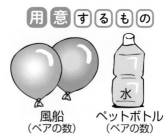

風船
（ペアの数）

ペットボトル
（ペアの数）

② 手をつないだり、軽く肩を組んだりして走るとバランスをとりやすくなります。

③ チーム対抗戦でリレーを行い、いちばん早く戻ったチームが優勝です。

アレンジ

風船はさみリレー

風船を手と手で押し合って走ります。
指でつかむのは反則です。

風船のかわりに、発泡スチロールの箱や雑誌をはさんで走るリレーも、手がゆるむと落ちるので、スリル満点でおすすめです。

続けてやると楽しい 風船サンド ➡ おっとっと水くみ（P114）➡ 人間知恵の輪（P30）

情報伝言ゲーム

ひそひそ声でスパイ気分

はじめは短い文章でもOK

長い文章を隣の人にどんどん伝えていくゲーム。簡単なようで意外に難しい？　ひそひそ声で伝言するのでスパイ気分を味わえます。

人数
10人〜

場所
どこでも

時間
30〜40分

「先週、京都、奈良、高山に旅行したが、新幹線の中で釜めしとうなぎ弁当とみかんを食べ、コーラと牛乳を飲んだら、おなかが痛くなって、きれいな景色を楽しむ暇もなかった。」

1 リーダーを1人決めます。リーダーは、紙に1文のできるだけ長い文章を書きます。リーダー以外の人は、5人以上のグループを作り、一列に並びます。

2 リーダーはそれぞれの列の先頭の人を集め、紙を見せます。このとき、ほかの人にはメモが見えないよう注意。「よーいドン」の合図で、メモを見た先頭の人から順に小声で内容を隣の人に伝えていきます。

これを

ウ〜ムムム…

しっかり覚えてネ

各チームの先頭の人

よーいドン

ボソボソ

まわりに聞かれないように

Point

●リーダーが紙を見せてから、「よーいドン」の合図まで、少し時間をあけましょう。待っている間に文章を忘れてしまうので、間違った文を伝えやすくなっておもしろくなります。

●「奈良、京都、滋賀」「みかん、りんご、いちご」など、似たような単語を並べるとまぎらわしくなります。

用意するもの

紙　　サインペン

③ 列の最後の人まで伝わったら、最後の人は自分が聞いた内容を紙に書き出し発表します。元の文章にいちばん近かったチームの勝ちとなります。

アレンジ 背中伝言リレー

「短い言葉」を背中に指で書いて、順番に伝言していくゲームです。はじめは、ひらがな1文字など、簡単なものからスタート。慣れてきたら、言葉にしていきましょう。

続けてやると楽しい情報伝言 ➡ 聖徳太子ゲーム（P36）➡ ルパンとホームズ（P39）

きみは聖徳太子になれるか
聖徳太子ゲーム

悪口はダメにゃ〜

楽しい言葉を選ぼう!

7人の話を同時に聞き分けたという聖徳太子にならい、みんながいっせいに叫んだ言葉を聞き分けます。似たような言葉だと難しい!

人数
6〜12人

場所
室内・屋外

時間
20〜30分

1 3人のグループを作りましょう。

3つの言葉を書いたカード

スイカ
パスモ
イコカ

2 グループを作ったら、カードを1枚選びます。カードには3つの言葉が書いてあるので、だれがどの言葉を叫ぶか決めます。

なになに

Point

● 叫ぶときは「せーの」の合図でそろえます。
● 叫ぶ声の大きさやテンポが、全員同じになるようにします。場所を変えて練習してもいいでしょう。
●「38」「29」など、叫ぶ言葉を数字にすると、難易度がぐっとアップします。
● 人数が多いときは、1チーム4〜5人でやります。叫ぶ言葉も人数に合わせて増やして。
● 下のカードを拡大コピーすれば、12問できあがります。

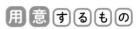

用意するもの

スイカ
パスモ
イコカ

問題カード　サインペン

③ 「せーの」の合図とともに先ほど決めた言葉を、グループ全員でいっせいに叫びます。

④ ほかのチームの人は、1人1人が何と言ったのかを聖徳太子のように聞き分けてください。答えるチームは、みんなで相談して答えを発表します。

出題例 ▶

イチゴ	トランプ	ヤマガタ	グループ
リンゴ	マージャン	オカヤマ	クロール
キウイ	プーチン	シズオカ	スロープ
クジラ	イルカ	イタリア	シンジュク
ゴジラ	シルコ	スペイン	シナガワ
ラジオ	ミルク	イギリス	ハラジュク
ミカン	テレビ	キョジン	ナットウ
ヤカン	ハナビ	ミシン	ナットク
バナナ	ビデオ	ニンジン	カントク

アレンジ

1文字シャウト

「せーの」で1文字叫びます。

続けてやると楽しい 聖徳太子 ➡ ルパンとホームズ（P39）➡ アラーム爆弾（P154）

言葉をつなぐと名作の薫り…

カード物語

録音すると、あとで楽しめるよ！

めくったカードの文字から始まる物語を即興で作ります。みんなの物語を次々とつなげると、何やら新しい物語のできあがり。

人数
4〜10人

場所
どこでも

時間
30〜40分

1 円形に座り、真ん中にカードを裏返してバラまきます。

2 順番にカードをめくっていき、その文字で始まる物語を即興で作ります。みんなの物語をつなげて、ひとつの物語を完成させましょう。

Point

- あいうえおカード（「ん」と「を」を除く）を用意します。
- 5人以上ならチーム対抗戦がおもしろい。
- 最後の人は話に必ず「オチ」をつけてね。
- バスの中ならリーダーがシャッフルしたカードから文字を選ぶのもOK。たての列でチーム戦ができます。

盛り上がり保証します！

続けてやると楽しい カード物語 ➡ 歌声カード（P44）➡ 連想カード（P162）

敵の変装をしっかりと見破れ

ルパンとホームズ

小物を
いろいろ
準備して

ルパンチームとホームズチームに分かれ、ルパンの変装（変化）を見破るゲームです。すみずみまでチェックしないと、なかなか見破れないかも。

1 2組に分かれ、じゃんけんで、ルパン（変装する）チームと、ホームズ（見破る）チームを決めます。ルパンチームは一列に並び、ホームズチームは、ルパンチームの1人1人の服装や小物を細かくチェックし、記憶しておきます。制限時間は1分です。

人数

6〜12人

場所

室内

時間

30〜40分

2 1分たったら、ルパンチームは別室に行き、服装や小物をチェンジしておきます。制限時間は5分。チェンジしたら、元の部屋に戻り、ホームズチームはどこが変わったかを当てましょう。

用意するもの

帽子、マフラー、
サングラス、
アクセサリーなど、
身につけるもの

続けてやると楽しい ルパンとホームズ ➡ 10品記憶力（P140）➡ せんだみつおゲーム（P92）

沖縄の
ブーサは
楽しいサ〜

「じゃんけんポン」は「ブーサーシー」
沖縄じゃんけん

親指、人さし指、小指の3本で行う、
沖縄独特のじゃんけんです。バリエーションがいろいろあります。

人数

2〜5人

場所

どこでも

時間

5〜10分

父親（親指）は母親（人さし指）に勝ち、母親（人さし指）は子ども（小指）
に勝ち、子ども（小指）は父親（親指）に勝つじゃんけんです。

父親　勝 ⇄ 負　母親
親指　　人さし指
負　　　　勝
小指　　子ども
勝　　　負

ブーサー
シー！

「じゃんけんポン」は「ブー
サーシー」で、「あいこ」の
ときは「ハイ」と言って
ブーサを続ける。

違う種類の
ブーサも！

木・鳥・虫 ブーサ

木　勝 ⇄ 負　鳥
親指　　人さし指
負　　　　勝
小指　虫
勝　　　負

こぼれ話

沖縄伝承のじゃんけんが
「ブーサ」で、島や地域
によって「ブサ」「グー
サー」と呼ぶところもあ
ります。「ブーサは男の子
の遊びで女の子はしな
い」とは、著者が中城村
の新垣徳夫先生から聞い
た話です。

続けてやると楽しい 沖縄じゃんけん ➡ じゃんけん列車（P100）➡ じゃんけんチヂミ（P125）

Part 2

のんびりなごむ

歌&手遊び
ゲーム

歌に合わせたゲームは
レクリエーションに欠かせません。
おなじみの手遊び歌から、手指を使った
ゲームまで、和気あいあいと楽しめます。

みんなで楽しく大合唱！
しりとり歌合戦

みんなで
歌うと
楽しいよ

2つのチームに分かれて、しりとりをしながら歌合戦をします。歌が上手な人も下手な人も、みんなでいっしょに楽しみましょう！

人数

4〜10人

場所

どこでも

時間

40〜50分

1 リーダーを決め、ほかのみんなは2つのチームに分かれます。まず、リーダーがスタートの歌を選び、それを全員で歌います。

アルプス一万尺でスタート

さんハイ

♪ アルプスいちまんじゃ〜く
こやりのう〜えで ♪

2 歌の途中でリーダーはストップをかけ、しりとりの最初の1文字を指定します。相手チームより早く指定文字から始まる歌を歌ったチームに1ポイント。

♪ アルペン〜 ストーップ

アルペンの ア

あぁ ア〜

A	B
下	正

42

Point

● リーダーには場をしきることが求められます。歌う人をしっかりと制し、ルールを守らせるようにしましょう。

● ゲームの勝敗が目的ではないので、リーダーはみんなが歌いやすい文字を指定しましょう。

● いざとなると歌詞をすぐに思い出せないことも。あせらないでやるのがポイント。

● 歌の途中からでもOKルールも。サビの部分だけ覚えている人も多いので、やさしいバージョンのルールです。

用意するもの

歌集

3 歌の途中から始めたり、歌詞があやふやな場合は、リーダーは「ダメ」を出し（減点1ポイント）、相手チームに歌う権利が移ります。相手チームから歌が出ないとき、リーダーは新しい1文字を指定しましょう。

♪ あ〜〜あ〜〜川の　流れのように〜

ダメ〜〜!!　それは途中！

こちら

♪ ああ〜だから　今夜だけは〜　君を

アレンジ チーム対抗ではA、Bチーム交互に歌うのもOK。また個人戦も、歌わない人が応援にまわり楽しめます。

ヒント ▶ インターネットで歌詞検索

「あ」から始まる歌詞など、歌い出しの文字ごとに曲を調べておくと便利。インターネットなどで無料で入手できるので活用してみては。リーダーは曲の一覧表を作っておけば、歌のアドバイスや歌詞の間違いに対処できます。

続けてやると楽しい しりとり歌合戦 ➡ オンチ合戦（P46）➡ 文字ぬき歌合戦（P72）

思い出の歌が次々と…

歌声カード

歌がらみの
思い出話も
楽しみだニャン

キーワードを見て、そこから連想される歌を歌います。どんな歌が飛び
出すかわからない!? なつかしいやら、うれしいやら……。

人数
4〜
10人

場所
室内

時間
20〜
50分

① 海、空、孫などのキーワードを書いたカードを裏返したまま重ねて
（広げてもOK）、みんなの真ん中に置いておきます。

② 最初の人がカードをめくり、そのカードに書いてあるキーワードが、
歌詞の中にある歌の1節を歌います。

③ さらに、その歌にまつわる自分
の思い出やエピソードを話しま
しょう。

う〜ん
これは…

♪千の風に〜
千の風になって〜♪♪
あの大きな空を〜〜

あっ、その唄
ワシの十八番!
唄いたい
な〜〜

みんなは
手拍子

皆さん
ご一緒
に

風

よく
知ってる
ね〜

そっち
かよ〜

Point
- キーワードは文字でなく、絵や写真でもOK。花や動物の絵を描いたカードを手作りすると楽しさがアップします。
- 「愛」や「恋」など、よく出てきそうなキーワードは複数作ると盛り上がります。
- 一度使ったカードを戻し、ほかのカードとまぜてしまってもOKです。

用意するもの

キーワードを書いたカード（30枚ほど）

④ 歌詞を思い出せなかったり、どうしても歌えないときは、みんなにヒントを出してもらって歌います。まわりの人は、自分の歌いたい曲が出ても出しゃばりすぎてはだめ。これを時計回りに行い、最後の人までいったら終了。

出題例 ▶ **キーワードのヒント**

海辺、渚、砂浜、裸足など　　失恋、幸せ、明日、思い出など　　北国、故郷、新宿、港など

ゴールド、ブルー、レッドなど　　あなた、ため息、たばこなど

ほかには……
桜、紅葉、枯葉、緑
父、母、親、妹、孫
春、夏、秋、冬、季節
雨、雪、城、湖、道

続けてやると楽しい 歌声カード ➡ しりとり歌合戦（P42）➡ オンチ合戦（P46）

オンチで大爆笑！
ドレミdeオンチ合戦

歌うのは「ドレミの歌」。いかに音をはずさずに歌えるかを競います。ですが、音がはずれるほど場が盛り上がるので、オンチの人の勝ちかも!?

人数
4〜10人

場所
室内・屋外

時間
20〜30分

① リーダーを決め、ほかのみんなは2チームに分かれます。先攻・後攻を決めたあと、みんなで「ドレミの歌」を1回大合唱します。

♪ドー〜はドーナツのドー〜♪

ドはドーナツのド
レはレモンのレ
ミはみんなのミ
ファはファイトのファ
ソは青い空
ラはラッパのラ

歌詞を見るのは最初だけ

② 歌い終わったら、続けてリーダーは先攻チームのだれかを指して「レ」と言います。指された人は「♪レはレモンのレー」とレの歌詞をレの音階で歌わなければいけません。

レ

レはレモンのレ〜

アウト

それはファのメロディ！

Point
- 歌に自信がなければ、わざと音をはずして、笑いをとるのも楽しむコツ。
- 人数が少ない場合は、参加者どうしでやり合うのも楽しいでしょう。その場合、リーダーはいりません。
- 手拍子を入れると難易度がアップします。

③ 指した人がうまく歌い終わったら、タイミングをとって、後攻チームのだれかを指し、指された人はその音から歌います。これを交互にくり返して。ただし「さ」と言ったときは全員で「♪さあ歌いましょう」と歌います。

④ つっかえたり、音をはずしたり、メロディーが違ったらアウト。生き残った人の多いチームの勝ちです。

| 歌詞 | ♪ドレミの歌 |

ドはドーナツのド　レはレモンのレ
ミはみんなのミ　ファはファイトのファ
ソは青い空　ラはラッパのラ
シは幸せよ　さあ歌いましょう

どんなときにも　列を組んで
みんな楽しく　ファイトをもって
空をあおいで　ラララララララ
幸せの歌　さあ歌いましょう

DO−RE−MI
Lyrics by Oscar Hammerstein II　Music by Richard Rodgers
日本語詞：ペギー葉山
Copyright ©1959 by Richard Rodgers and Oscar Hammerstein II
Copyright Renewed
WILLIAMSON MUSIC owner of publication and allied rights throughout the world
International Copyright Secured All Rights Reserved

続けてやると楽しい オンチ合戦 → しりとり歌合戦（P42）→ 歌声カード（P44）

47

一度覚えたら耳からはなれない
鬼のパンツ

動画が見れる！

※動画の詳細はP10

おなじみのイタリア民謡「フニクリ・フニクラ」の替え歌です。軽快な曲は子どもたちのお気に入り。さあ、みんなで鬼になって踊ろう！

人数
2人〜

場所
室内・屋外

時間
10〜20分

♪おにーの
鬼のまね

♪パン
拍手1回

♪ツは
手で2

♪いい
OKサイン

♪パン
拍手1回

♪ツー
手で2

A ♪つよいぞ ♪つよいぞ

筋肉モリモリ
ポーズ2回

♪トラーの
爪を立てて
怖い虎

♪けがわで
手を上下に

♪できている
針で布をぬうしぐさ

チクチク

Aのくり返し

歌詞　♪鬼のパンツ

鬼のパンツは　いいパンツ
つよいぞ　つよいぞ
虎の毛皮で　できている
つよいぞ　つよいぞ
5年はいても　やぶれない
つよいぞ　つよいぞ

10年はいても　やぶれない
つよいぞ　つよいぞ
はこう　はこう　鬼のパンツ
はこう　はこう　鬼のパンツ
あなたも　私も　あなたも　私も
みんなで　はこう　鬼のパンツ

イタリア民謡

B ♪5年（10年）・・・ ♪はいても ・・・ ♪やぶれない

手で5

10年のとき
は両手で

パンツをはく
しぐさ

首と手を
横に振る

A、B、A の順にくり返し

C ♪はこう ♪はこう ♪おにの ♪パンツ

ちぢんだ手を
大きく伸ばす
（左右交互に
4回）

C のくり返し

D ♪あなたも　♪わたしも

前の人と自分を指さす

D のくり返し

♪みんなではこう

右手を左から右へ回す

♪おにの

鬼のまね → パンツを → ハイ完成！
　　　　　はくしぐさ

♪パンツ

続けてやると楽しい 鬼のパンツ ➡ 大きな栗の木の下で（P54）➡ 夜店屋さん（P104）

じゃんけんまでのしぐさがかわいい
お寺のおしょうさん

パンパンと手を合わせて歌い、最後にじゃんけん！ 勝ち負けよりもしぐさがかわいいから、何度でもやりたくなるよ。

人数
2人〜

場所
どこでも

時間
5〜
10分

せっせっせ〜の

よいよいよい

ここから
スタート！

上
下

手を
交差

A ♪お
拍手1回

・・・

♪て
右手のひらを合わせる

♪ら
拍手1回

・・・

♪の
左手のひらを合わせる

♪おしょうさんが

♪かぼちゃのたねを

♪まきました

Aの動作をくり返す

歌詞　♪お寺のおしょうさん

お寺のおしょうさんが
かぼちゃのたねをまきました
めがでて　ふくらんで
花がさいて　じゃんけんポン

Point
- じゃんけんにいくまでのしぐさがかわいいゲームです。
- **A**の手合わせは、正面で合わせても、手を水平に重ね合わせてもOK。
- アレンジの④は各地の名所を織り込んで、じゃんけんしよう。

わらべ歌

♪めがでて
両手を合わせる

♪ふくらんで
両手をつぼませる

♪花がさいて
両手を開く

♪じゃんけんポン
最後にじゃんけんする

これをくり返します

バンザーイ

アレンジ

♪花がさいて

→

①枯れちゃって

②忍法つかって

③空飛んで

やってみてネ

④東京タワーに（スカイツリー）

⑤ぶつかって
パン

⑥グルッとまわって
グルグル

♪じゃんけんポン

続けてやると楽しい　お寺のおしょうさん ➡ ずいずいずっころばし（P66）➡ 茶つみ（P58）

歌遊びの元祖といえばこれ

アルプス一万尺

動画が見れる！

※動画の詳細はP10

みんなにおなじみの「アルプス一万尺」。だれでも知っているから、いつでもどこでも始められる。みんなで楽しく盛り上がろう。

人数 2人

場所 どこでも

時間 5〜10分

せっせっせーの よいよいよい

A ♪ア … 拍手1回

♪ル … 右手を合わせ

♪プ … 拍手1回

♪ス … 左手を合わせ

♪いち … 拍手1回

♪まん … 両手を合わせ

♪じゃ … 両手指を組み

♪く … 組んだ両手を裏返して合わせる

A の動作のくり返し

「♪さあ踊りましょ」までは

歌詞　♪アルプス一万尺

（1）アルプス一万尺　小槍の上で
　　アルペン踊りを　さあ踊りましょ
　　※　ランラララ　ラララ
　　　　ランラララ　ラララ
　　　　ランラララ　ラララ
　　　　ランラン　ランラン　ラーン

（2）お花畑で　昼寝をすれば
　　蝶々が飛んで来て　キスをする
　　（※くり返し）

（3）一万尺に　テントを張れば
　　星のランプに　手が届く
　　（※くり返し）

アメリカ民謡

B

♪ランラララ ♪ラララ ・・・ **♪ランラララ ♪ラララ** ・・・ **♪ラーン**

両手のひらを４回合わせる　　　手の甲を４回合わせる　　　手のひらをパンと
合わせて終了！

Bを２回くり返す

※２回目の歌詞は
「♪ランラン　ランラン」

C

2番はアレンジして

♪お ・・・ **♪は** ・・・ **♪な**

拍手２回（早く）　　　右手で左ひじをさわる　　　左手で右ひじをさわる

♪ばた ・・・ **♪けで**

両手を腰に　　　２人で組み手

C動作の
くり返し

続けてやると楽しい　アルプス一万尺 ➡ 茶つみ（P58）➡ みかんの花咲く丘（P60）

みんな知ってる歌遊び
大きな栗の木の下で

おなじみ
人気歌

昔からある歌ゲームです。みんなのフリが合うと、まとまってきれいに
見えます。少しずつスピードアップしてもおもしろい。

人数
2〜20人

場所
室内・屋外

時間
10〜20分

A

♪おおきな
両手で木の形を上から下に大きく

♪くりの
両手で栗の形を作る

♪きの
両手を頭にのせ

♪した
その手を肩に

♪で
両手を下におろす

♪あなたと
近くにいるだれかを2回指さす

歌詞 **♪大きな栗の木の下で**

（2）大きなヤシの木の下で
　　あなたと私
　　仲よく遊びましょう
　　大きなヤシの木の下で

（3）大きなモミの木の下で
　　あなたと私
　　仲よく遊びましょう
　　大きなモミの木の下で

2番は
フラダンスね

ALOHA

2番の「♪仲よく遊びましょう」ではフラダンス風のふりつけがおすすめ。

イギリス民謡

♪わたし

自分を2回指さす

♪なか

（1）右手を胸に　（2）右手を前に

♪よく

（1）左手を重ねて　（2）左手を合わせる

♪あそび

（1）左に首を傾け　（2）両手を左に

♪ましょう

（1）右に首を傾ける　（2）両手を右に

A
の
く
り
返
し

♪でー

両手を下におろす

続けてやると楽しい 大きな栗の木の下で ➡ おべんとうばこ（P56）➡ 鬼のパンツ（P48）

おべんとうばこに
いろいろ
つめよう！

子どもに大人気の手遊び歌
おべんとうばこ

おなじみの歌遊び「おべんとうばこ」。「サンドイッチバスケット」バージョンの歌詞のときには、手の動きもアレンジしてね。

人数
2
〜
20
人

場 所
どこでも

時 間
10
〜
20
分

♪これくらいの

両手の人さし指で
おべんとうばこの
形を四角く描く

♪おべんとうばこに

（くり返す）

♪おにぎり　おにぎり

おにぎり

おにぎり

♪ちょいと　　　♪つめて

ちょいと

つめて

♪きざーみしょうがに

右手の包丁と
左手のまな板で
しょうがを
きざむ

トントン
トントン

♪ごましおかけて

右手でごまを
つまんで
振りかける
動作
（2回くり
返す）

Point

ゲームを始める前に
「『アリさん』のおべんとうばこをやります」と指定すれば、おべんとうばこが小さくなります。反対に「ぞうさん」だと大きくなります。

歌詞 ♪おべんとうばこ

これくらいの　おべんとうばこに
おにぎり　おにぎり　ちょいとつめて
きざみしょうがに　ごましおかけて
にんじんさん　ごぼうさん　あなのあいた
れんこんさん　すじのとおった　ふき

作詞／香山美子

歌詞 ♪サンドイッチバスケット

これくらいの　バスケットに
サンドイッチ　サンドイッチ　ちょいとつめて
きざみキャベツに　マヨネーズかけて
レタスさん　イチゴさん　あなのあいた
マカロニさん　すじのとおった　ベーコン

♪にんじんさん

ここでミカンや
シイタケを追加
してもいいよ

イチゴ
（指1本）

ミカン
サクランボ（指3本）

シイタケ（指4本）

♪ごぼうさん

♪あなーの
右手でOKサイン

♪あいた
左手でOKサイン

♪れんこんさん
めがねのまね

♪すじのとおった

左手の先から
胸まで
右手で
なで上げる

♪ふーき

右手のひらの
上のものを
吹きはらう
しぐさ

たいへんよく
できました

続けてやると楽しい おべんとうばこ → サンドイッチバスケット → 鬼のパンツ（P48）

なつかしい風景がそこに
茶つみ

動画が見れる！

※動画の詳細はP10

昔から伝わるなつかしい歌遊び。おばあちゃん・おじいちゃんを交えて、いっしょにやるとさらに盛り上がります。

人数

2人〜

場所

どこでも

時間

5〜10分

せっせっせ〜のよいよいよい

（パン）	な	♪つ
拍手	右手を肩に	腰に

♪も	♪ちー	♪か	♪づ
右手を合わせる	拍手	左手を肩に	腰に

♪く	♪は	♪ち	♪じゅ
左手を合わせる	拍手	両肩	両腰

歌詞　♪茶つみ

(1) 夏も近づく　八十八夜
　　野にも山にも　若葉がしげる
　　あれに見えるは　茶つみじゃないか
　　あかねだすきに　すげのかさ

(2) 日よりつづきの　今日このごろを
　　心のどかに　つみつつ歌う
　　つめよつめつめ　つまねばならぬ
　　つまにゃ日本の　茶にならぬ

文部省唱歌

♪う	♪は	♪ち	♪や
両手	右ひじ	左ひじ	両腰

（トントン）
両手を合わせる

（歌の最後のみ）
2人で組み手　※「すげのかさ」「茶にならぬ」のあとだけトントンのかわりに行う。

ここまでの動作をくり返す

この動作のくり返し

Point

「茶つみ」や「みかんの花さく丘」など昔からある手遊び歌は、地域によりいろいろなやり方があります。身近な人に聞いたり、インターネットで調べてみるのもおもしろいでしょう。

続けてやると楽しい 茶つみ ➡ みかんの花咲く丘（P60）➡ ずいずいずっころばし（P66）

お風呂でお父さんと歌った
みかんの花咲く丘

小さいころよく歌ったおなじみの歌に合わせた、手遊びです。慣れてきたら、だんだん早くして遊ぼう。

人数
2人〜

場所
どこでも

時間
5〜10分

ここからスタート！

せっせっせ〜の

よいよいよい

手を交差

A （パン）♪みー　　　♪い〜　　　　　　♪か〜
B （パン）♪さー　　　♪あ〜　　　　　　♪い〜

拍手1回　　　右手の甲を合わせる　　　右手のひらを合わせる

パン

（パン）♪ん　　　♪〜〜〜　　　　　　♪の
（パン）♪て　　　♪〜〜〜　　　　　　♪い

拍手1回　　　左手の甲を合わせる　　　左手のひらを合わせる

パン

（1）
みかんの花が　咲いている
思い出の道　丘の道
はるかに見える　青い海
お船がとおく　かすんでる

（2）
黒い煙を　はきながら
お船はどこへ　行くのでしょう
波に揺られて　島のかげ
汽笛がぼうと　鳴りました

（3）
いつか来た丘　母さんと
いっしょにながめた　あの島よ
今日もひとりで　見ていると
やさしい母さん　思われる

作詞 加藤省吾

（パン）♪は	♪あ〜	♪な
（パン）♪る〜　　〜	〜	〜
拍手1回	両手のひらで
のせと受け	前で両手を
合わせる

気持ちが
なごむ
いい歌です

（パン）♪が	♪あ〜	
〜	♪〜〜〜	
拍手1回	両手のひらで
のせと受け	前で両手を
合わせる

A の歌詞のあと、**B** の歌詞
へ。以降、歌詞は変わっても
同じ動作をくり返します。

別バージョン

のんびり
行こう〜

（♪る）　　　♪〜〜〜

最後の「〜♪かすんでる〜」の「る」のあと、
3拍子で右ひじ→左ひじ→腰に手をやって終了

続けてやると楽しい みかんの花咲く丘 ➡ お寺のおしょうさん（P50）➡ アルプス一万尺（P52）

脳トレ体操ナンバーワン！

でんでん親子指

動画が見れる！

親指と小指を使うリズム体操。でんでん太鼓のように、親指と小指を交互に出して遊ぼう。ゆっくり練習すれば、だんだんできるようになるよ。

人数
4〜10人

場所
どこでも

時間
5〜10分

1 でんでん親子指は「左手小指（子）、右手親指（親）」と「左手親指（親）、右手小指（子）」のどちらかを交互に出す指体操ゲームです。途中に「グー」を入れるのと、入れないタイプがあります。

グーを入れて

下の動作のくり返し

♪でー		♪ん		♪でー		♪ん	
子	親	グー	親	子	グー		
左	右	左	右	左	右	左	右

グーを入れずに

下の動作のくり返し

♪でーん		♪でーん		♪むーし	
子	親	親	子	子	親
左	右	左	右	左	右

♪でーん　でーん
あら
えっ　まっ

指に力を入れないで！
はじめは「グー」を入れると
リズムをとりやすいよ

♪おすすめ曲
● かたつむり
● 世界に一つだけの花
● こがね虫
● しゃぼん玉

歌詞　♪かたつむり

でんでんむしむし
かたつむり
おまえの頭は
どこにある
つのだせ　やりだせ
頭だせ

でんでんむしむし
かたつむり
おまえの目玉は
どこにある
つのだせ　やりだせ
目玉だせ

文部省唱歌

でんでん太鼓とは…

柄のついた小さな両面太鼓のこと。小さな重りがついた2本のひもがついていて、太鼓の柄を振ると「でんでん」という音をたてる。

デンデン

② はじめは思うように動かない指も、ゆっくり練習しているといつの間にかできるようになります。指の体操はリハビリにも最適。「でんでん虫」だけでなく、いろいろな曲に合わせて遊びましょう。

まずは準備体操をしよう！

お手々をブラブラブラ〜

P65の指体操がおすすめ！

ではゆっくり

親指と小指を交互に イチ、ニ イチ、ニ　イチ、ニ

♪で〜んで〜んむ〜しむし か〜たつむり〜

Wow!

ほら少しずつ

できるように

なった…

イチ、ニ イチ、ニ♪

続けてやると楽しい でんでん親子指 ➡ ずいずいずっころばし（P66）➡ グーパー（P64）

腕を伸ばして元気よく
グーパーチェンジ

すばやい入れ替えが難しい！

歌に合わせて左右交互に腕を伸ばし、グーやパーを出します。「チェンジ！」の声でグーとパーを入れ替えます。脳トレにも効果バツグン！

人数
2〜30人

場所
どこでも

時間
10〜20分

1 まずは、手の動きを覚える練習。両手を開いて、右手は伸ばし、左手は胸をたたきます。次に、右手で胸をたたき、左手を伸ばします。「イチ、ニ」のリズムで手を入れ替えます。

♪おもちゃのチャチャチャの曲に合わせて

♪おもちゃの　　　　　♪チャチャチャ

イチ　ニ

右手を伸ばす　　　胸をたたく　　　左手を伸ばす

歌詞　♪おもちゃのチャチャチャ

おもちゃの　チャチャチャ
おもちゃの　チャチャチャ
チャチャチャ
おもちゃの　チャチャチャ

そらにきらきら　おほしさま
みんなスヤスヤ　ねむるころ
おもちゃは　はこを　とびだして
おどる　おもちゃの　チャチャチャ
おもちゃの　チャチャチャ
おもちゃの　チャチャチャ

チャチャチャ
おもちゃの　チャチャチャ

なまりのへいたい　トテチテタ
ラッパならして　こんばんは
フランス人形　すてきでしょう
花の　ドレスで　チャチャチャ
おもちゃの　チャチャチャ
おもちゃの　チャチャチャ
チャチャチャ
おもちゃの　チャチャチャ

作詞 野坂昭如

Point

●「チェンジ！」でグーとパーをとっさに入れ替えられるようにしましょう。
●すぐに「チェンジ！」するより、長く続けてから急に「チェンジ！」を入れると、みんなが大混乱して楽しいよ。
●「おもちゃのチャチャチャ」以外のおすすめ曲は、「きよしのズンドコ節」、「およげ！たいやきくん」、「愛は勝つ」、「明日があるさ」、「世界に一つだけの花」など。

グーパーストレッチ

ゲームの前と後に指の緊張をほぐす指体操をしましょう。

② 手の動きを覚えたら本番です。右手はグーにして伸ばし、左手はパーにして胸をたたきます。これを交互にくり返しますが、伸ばす手はいつもグーです。

③ そして曲の区切りに「チェンジ！」の声がかかったら、グーとパーを入れ替えます。今度は伸ばす手はいつもパーになります。これをくり返して、なるべく長く続けられるようにしましょう。

♪空にキラキラ お星さま チェンジ ♪
♪みんなスヤスヤ 眠るころ チェンジ
おもちゃは 箱を〜

パー

グー

続けてやると楽しい グーパー ➡ あと出しじゃんけん（P157）➡ でんでん親子指（P62）

鬼になるのが楽しみなゲーム

ずいずいずっころばし

歌詞の意味がよくわからないのに、だれもが知っている歌遊び。鬼が、みんなの「茶つぼ」に指を入れていきます。最後はだれの茶つぼに!?

人数
3〜8人

場所
室内・屋外

時間
5分くらい

1 じゃんけんで鬼を決めます。鬼は左手、ほかの参加者は両手を前に出し、ゆるいグーにして「茶つぼ」をつくります。みんなで歌いながら、鬼は自分から時計回りに、右手の人さし指を茶つぼに入れていきます。

ずい ♪ ずい ♪ ずい

時計回りでっす

2 「だ・あ・れ」の「れ」で、鬼の人さし指が入った人が次の鬼になり、ゲーム再開。

だ
れ
あ
キャー
チュノ
あたり

66

ずいずいずっころばし
ごまみそずい
茶つぼに追われて
とっぴんしゃん
ぬけたらどんどこしょ

たわらのねずみが
米くってチュー
チュー　チュー　チュー
おっ父さんがよんでも
おっ母さんがよんでも

いきっこなしよ
井戸のまわりで
お茶わんかいたの
だあれ

わらべ歌

3 盛り上がってきたら「反対ルール」を入れましょう。鬼は歌の途中で1回だけ「ハイ」と言って、反対回りにすることができます。

アレンジ
おせんべ焼けたかな？

❶鬼は左手、みんなは両手を、手の甲を上にして前に出します。
❷鬼は自分の左手から順番に「おせんべ　やけたかな」と軽く右手でたたいて、焼き具合を確認します。
❸「な」に当たった人は、片面が焼けた手を裏返します。鬼は、その次の手から続けて、これをくり返します。
❹両面焼けた手は下ろします。いちばん早く両手を下ろした人の勝ち。

続けてやると楽しい ずいずいずっころばし ➡ 鬼茶つぼ（P86）➡ ハナハナハナ（P91）

おハシの達人

豆を何個つまめるか競争しよう

家庭行事で
子どもや孫と
盛り上がろう！

おハシで大豆やピーナッツなどの小さなものをつまみます。時間内に何個つまめるか。指先の器用さが問われます。

人数
2〜8人

場所
室内

時間
5〜10分

1 大皿に大豆をのせ、食卓の中央に置き、全員に割りバシと小皿を配ります。

では これより
節分 恒例
の〜

精神統一

シ〜ン

タイマー

節分 の部分は
季節に合わせて
ネ

人数の多いときは、チーム対抗戦にしましょう。小皿は各チーム1枚で、1人20〜30秒でリレーしていきます。終わったら、全員で豆を数え、いちばん多いチームの勝ち。

Point
- 「指を使うことは脳を使うこと」といわれています。ハシで物をつまむことは手指の運動に最適です。
- 節分（2月）の豆やひな祭り（3月）で飾ったひなあられを使って、家庭の季節行事にするのもおすすめ！
- 遊び終わったら、使った大豆やピーナッツはおいしく食べましょう。

用意するもの

割りバシ　　　　　タイマー

皿（大小）　　大豆（1〜2盛）　ピーナッツ（薄皮つき）

② 「よーいドン」でスタート。制限時間（1〜2分）内に、割りバシで大豆をつまみ、自分の小皿にいくつ移せるかを競いましょう。

塗りバシマスター

もっとおハシの達人になりたいなら、塗りバシでチャレンジ。一気に難しくなり、見ている人が笑っちゃうほど、ツルツルすべり落ちやすくなります。1分間で何個つまめるか、レッツトライ！

先に「ドン！」と言った人の勝ち

グリーンピース

動画が見れる！

※動画の詳細はP10

グー、チョキ、パーがグリン・チョリン・パリンに変身するよ！ 「あいこ」で先に「ドン！」と言った人が勝ちだよ。

人数
2人〜

場所
どこでも

時間
5〜10分

グリン	チョリン	パリン

1　「じゃんけんポン」のかわりに「グリーンピース」と言ってじゃんけんをします。

グリーンピース

ユキさん

チョーさん

勝

グリーンピースのかわりに「ドンパッパ」でもOK！

2　ユキさんは「グー」で勝ったので、「グリン」「グリン」と言ってグーの手を振り、3回目に、出す手の名前を言いながら、じゃんけんをします。

グリングリンパリン

勝

グリン　勝ったときの手

グリン　同じ手

パリン　今度出す手

Point
●勘ちがいであいこじゃないのに「ドン！」と言ったり、出した手が言った言葉と違ったりしたときは1回負け。先に3回勝った人が勝者になります。
●「ドンパッパ」は、関西発祥の遊び方です。「ドン」で両手を合わせ、「パッ」で右手を打ち合い、最後の「パ」でじゃんけんをします。

カレーライス

グリン→グーカラ（辛）
チョリン→チョーカラ（辛）
パリン→パーカラ
「あいこ」のときは「水」と早く言ったほうが勝ち。

3 チョキで勝ったチョーさんは「チョリン」「チョリン」「パリン」などと言ってじゃんけんをくり返します。あいこになったときは、どちらかが「ドン！」と言います。「グリーンピース」は、先に「ドン！」と言った人が勝ちになります。

軍艦じゃんけん

グーチョキパーが「軍艦」「沈没」「破裂」になります。「せーんーそー」でじゃんけんをして、勝ったほうが親になります。「軍艦・軍艦・破裂」などと言ってグリーンピースと同じように行い、「あいこ」が出た時点で親の勝ち、つられたほうが負けとなります。

 軍艦　 沈没　 破裂

続けてやると楽しい グリーンピース ➡ ブンブン蚊（P94）➡ あっち向いてホイ（P88）

71

1文字ぬくだけで緊張しちゃう
文字ぬき歌合戦

笑える
歌詞に
なるかも

子どものころよく歌った童謡。空で歌える歌なのに、文字をぬくとどうしてか続かない。2〜3度練習するとうまく歌えるよ。

人数
4
〜8
人

場所
どこ
でも

時間
20
〜30
分

1 リーダーは歌う曲と、どの文字をぬくかを決めます。歌は、なるべくだれでも知っている童謡やヒット曲を選びましょう。

SM■Pの「世界に一つだけの花」で ぬく文字は「な」で〜す

さんハイ

♪は■やのみせさきになーらんガー

アウト

な

2 ぬく文字を歌ってしまった人はアウト。カラオケの場合は、次の人にマイクを渡して歌を続けます。指定された文字をきちんとぬいて最後まで歌いきった人の勝ちです。人数が多いときは、1人1〜2フレーズで次の人へ。メンバーの年代に合わせた選曲が大切です。

「桃太郎」で「た」と「だ」ぬき

♪もーも■ろさん　もも■ろさん
おこしにつけ■　きび■んご
ひとつわ■しに
く■さいな〜♪

完璧！

すごい！

だニャン

た

続けてやると楽しい 文字ぬき歌合戦 ➡ 歌声カード（P44）➡ しりとり歌合戦（P42）

Part 3

リズム感＆俊敏性アップ！

テンポ＆スピード
ゲーム

リズムに乗って即答したり、
空気を読んでリアクションする
反応力が試されるゲーム。
ポイントはグッドタイミング！

和気あいあいのイントロゲーム
クロスハンド拍手

動画が見れる！

※動画の詳細はP10

リーダーは両手を上下に交差します。右手と左手が重なったときにみんなは拍手します。リーダーのフェイントに引っかかるな！

人数

5〜30人

場所

室内・屋外

時間

10分

1 リーダーはみんなに手と腕がよく見えるよう、横向きに立ちます。そして「みなさん、ぼくの手が重なったタイミングで拍手してください」と言って、ゆっくり実演してみせます。

手がクロスしたら拍手だよ

ココで拍手！

パン

2 ゆっくり5〜6回したあと、両手を重ねると見せ、寸前に止めます（ここで間違えて拍手してしまう人がいるかも）。

パン

パン

ピタッ

あちゃ

よくやってくれました♡

Point
●レクリエーションゲーム各種を本格的にスタートする前の、なごみのイントロ（導入）ゲームです。この手拍子でみんなの「ゲーム心」をがっちりつかまえましょう。
●何度かやったあと、失敗拍手した人にリーダーを代わります。
●リーダーを2人代わって盛り上がったところで、次のゲームに移ります。

3 スピードを変え、何回かしたあと、リーダーは「三三七拍子」をやります。
右から左、左から右へ縦横に動かしながらみんなに拍手させましょう。
最後に、拍手をすると見せかけ寸前で止めて、ゲームを終了します。

右から左、左から右、縦横に拍手

パン パンパン

パン パン パン
パン パン
パン

三三七拍子だ

来た！

指体操

2の4の5

おなじみの準備体操ゲームです。みんなで大きな声を出しながら指を動かしましょう。

●スピードアップすれば脳トレ効果UP！
●慣れてきたら、左右で異なる動きをすると、さらに脳が刺激されます。

みんなで声を合わせて

いちにの　さ〜ん

♪いち　♪にの　♪さーんの　　♪にの　♪しの　♪ご

♪さん　♪いち　♪にの　♪しの　　♪にの　♪しの　♪ご

2の4の5くり返し

続けてやると楽しい クロスハンド ➡ あっち行けホイ！(P12) ➡ どうぶつフレンド (P16)

時代を越えて進化するリズムゲーム

リズム4

動画が見れる！

4拍子のリズムに合わせて友だちや自分の愛称を指定回数だけ言う
ゲーム。シンプルで楽しいから、手軽に始められます。

※動画の詳細はP10

人数
4〜8人

場所
室内・屋外

時間
10〜30分

1 はじめに全員それぞれの2文字の愛称を決めておきます。

長岡さん ナガ／健一くん ケン／ハルヒさん ハル／秋山くん アキ

2 合言葉♪「○○（だれかの愛称）から始まるリズムに合わせて」でス
タート。全員で「机→拍手→右手→左手」のジェスチャーを加えな
がら、リズムに合わせて愛称＋数字（1〜4まで）を言いましょう。

全員で　　♪ハル　　　　　　　　♪から
机を1回たたく　　　　　　　　拍手を1回

机がないときはヒザをたたく

※TBS系「学校へ行こう」で人気になったゲームです。

全員で

♪はじ	♪まる	♪リズ	♪ムに
右手の親指を立てて出す	左手の親指を立てて出す	最初に戻り机（ヒザ）をたたく	拍手1回

♪合わ	♪せて	★☆ ケン 2 ★☆ ケン ケン ★☆
右手	左手	机 拍 右 左 机 拍 右 左 机 拍

ナガ 4　ナガ ナガ ナガ ナガ　★☆ アキ 1 ★☆ アキ アキ

右　左　机 拍　右 左　机 拍 右　左 机 拍　右　左

Point

愛称を言われた人は、ジェスチャーをしながら自分の愛称を数字の回数、以下のリズムに合わせて言います。

ケン1	➡	机・拍・右・ケン
ケン2	➡	机・拍・ケン・ケン
ケン3	➡	机・ケン・ケン・ケン
ケン4	➡	ケン・ケン・ケン・ケン

同じ人が次の指名と数字を言います。愛称を間違えたり、リズムからはずれたりしたらアウトです。

これが正解！

★☆ ★ アキ

机 拍 右 左

アレンジ　【斎藤さんゲーム】1人が「机→拍手→右→左」で、「右→左」を「斎藤→さん」と言うと、次は全員で「机→拍手→斎藤→です」と振りをつけて言う。

続けてやると楽しい リズム4 ➡ 色とり忍者（P78）➡ タケノコニョッキ（P84）

シュッ、シュッ！ 正しい色で答えよう
色とり忍者

動画が見れる！

※動画の詳細はP10

「シュッ、シュッ」というテンポに合わせて、前の人が言った「色とお題」を答えます。罰ゲームありきのパーティーゲームです。

人数
4〜8人

場所
どこでも

時間
20〜30分

① 「色とお題」を最初に言う人（親）をじゃんけんで決めます。親の「せーの」のあと、全員で「ダイジョーブ！」と斉唱し、手裏剣を投げる音「シュッ、シュッ、シュシュシュ」のかけ声でゲームスタート。

② 親が「色とお題①」を言います。「シュッ、シュッ」の合いの手のあと、次の人は当てはまるものを答えます。同じ人が続けて次の人に「色とお題②」をふって、これをくり返します。答えにつまったり、同じ答えを言ったらアウトです。

※フジテレビ系「めちゃ²イケてるッ！」で人気になったゲームです。

Point

【ルール】

❶ 親の「せーの」のあと全員で「ダイジョーブ！」と斉唱。

❷ 全員で「シュッ、シュッ、シュシュシュ」とかけ声をかけてスタートします。

❸ 前の人と同じ「色とお題」をふってもOK。ただし、その「色とお題」が一周して戻ってきたときは変えないとアウト。

❹ アウト3回で罰ゲーム「お仕置き」です。

❺ 罰ゲームの内容はスタート前に決めておきましょう。

【ユニーク解答例】

緑の有名人→小池百合子、ガチャピン　金色の有名人→ピコ太郎、ローラ、美輪明宏　黒い有名人→タモリ、EXILE　赤いチーム→広島カープ、レッドソックス、浦和レッズ

③ ゲームに慣れてきたら、答えるのが難しそうな「色とお題」を出して盛り上げましょう。難しいお題を次の人に出す「裏切り」を入れるとハナタカになれます。

出題例

緑の野菜→ピーマン、キュウリ
白い野菜→大根、白菜、カブ
茶色い野菜→ごぼう、レンコン
赤い果物→サクランボ、リンゴ
黄色い果物→レモン、パイナップル
緑の果物→キウイ、メロン
白い花→白菊、マーガレット
黄色い花→ひまわり、たんぽぽ

赤い花→バラ、カーネーション
白い料理→シチュー、うどん
茶色い料理→ビーフシチュー、カレー
白い飲み物→牛乳、カルピス
緑の飲み物→青汁、クリームソーダ
黒い飲み物→コーラ、コーヒー
茶色い飲み物→紅茶、ココア
黄色い動物→トラ、ライオン

緑の動物→カエル、カメレオン
茶色い動物→柴犬、シカ、タヌキ
緑の有名人→うつみみどり、五月みどり
茶色の有名人→加藤茶、小林一茶
赤い有名人→赤川次郎、赤井英和
白い景色→サンゴ礁、ゲレンデ、雪山
青い景色→空、海、湖、春の小川
赤い景色→夕焼け、朝焼け

続けてやると楽しい 色とり忍者 ➡ 数取りゲーム（P80）➡ マジカルバナナ（P82）

数取りゲーム

正しい単位で答えられるかな？

P78「色とり忍者」を
ベースにしたゲーム

前の人が言った「お題」に正しい単位をつけて答えましょう。バイクに
乗ったつもりで「ブンブン」とエンジンをふかしながら数取りします。

人数
4〜8人

場所
どこでも

時間
20〜30分

1 お題を最初に言う人（親）をじゃんけんで決めます。親の「せーの」
のあと、全員で「夜露死苦！」と叫び、「ブンブンブブブン」とかけ
声をかけ、ゲームスタートです。

2 親が言ったお題①に、次の人は正しい単位をつけた数字を答えます
（数字は1人進むごとに1つずつ増えていく）。続けて、次の人に新
しいお題②を言ってバトンタッチ。

※フジテレビ系「めちゃ²イケてるッ！」で人気になったゲームです。

Point

【ルール】
❶ 親の「せーの」のあと全員が合言葉「夜露死苦」と斉唱。
❷ 全員で「ブンブンブブブン」と叫びます。
❸「ブンブンブブブン」のすぐあとに、親がお題を言ってスタート。合の手「ブンブン」のあと次の人が、お題に数の単位を「1台」などと答えます。
❹ 続いて「ブンブン」の合いの手のあと、新しいお題（同じお題でもOK）を言って次の人にバトンタッチ。
❺ お題に合わせた単位で前の数より1つ大きな数を言います。

オリジナル単位はみんなが認めればOK。例／ 期末試験→1科目 離婚→バツ2 花火→3発 青春→4ページ ニキビ→5ブツ 映画→6スクリーン 肩→7もみ など

3 ゲームに慣れてきたら、単位が難しそうなお題を出してみましょう。難しいお題を次の人にしかけることを「ぶっこむ」と言い、ゲームを盛り上げることができます。

数え方例 ▶

かけそば	1杯 (ぱい)	猿	1匹 (ぴき)	短歌	1首 (しゅ)	たんす	1棹 (さお)
キャベツ	1玉 (たま)	山	1座 (ざ)	経験	1度 (ど)	たらこ	1腹 (はら)
寿司	1貫 (かん)	そろばん	1面 (めん)	光	1筋 (すじ)	電車	1両 (りょう)
割りバシ	1膳 (ぜん)	寺	1寺 (じ)	煙	1条 (じょう)	天使	1人 (り)
イカ	1杯 (ぱい)	神	1柱 (はしら)	掛け軸	1幅 (ぷく)	悪魔	1匹 (ぴき)
ウサギ	1羽 (わ)	仏壇	1基 (き)	よろい	1領 (りょう)	龍	1頭 (とう)
馬	1頭 (とう)	俳句	1句 (く)	提灯	1張り (はり)	カッパ	1匹 (ぴき)

続けてやると楽しい 数取りゲーム ➡ タケノコニョッキ (P84) ➡ マジカルバナナ (P82)

なつかしのテレビ番組の人気ゲーム

マジカルバナナ

※動画の詳細はP10

リズムに合わせて前の人が言った言葉から連想する言葉をつなげたり、言葉の1字を変えたりしていくゲーム。盛り上がること必至です。

人数
4〜10人

場所
どこでも

時間
20〜30分

連想バナナ

1 最初に親を決めます。リズム（手拍子）に合わせて全員で「マジカルバナナ」と叫び、続けて親から「バナナと言ったら〇〇〇」と言ってゲームをスタート。次の人は連想する言葉を言います。

2 連想できなかったり、言葉につまったらアウトです。ゲーム再開はアウトの人から。やはり全員で「マジカルバナナ」と叫び、すっぱいと言ったら〇〇〇」とスタートします。3アウトで罰ゲーム。

※日本テレビ系「マジカル頭脳パワー!!」で人気になったゲームです。

Point

使える言葉は、基本的には「名詞」（固有名詞、地名、人名も可）だけです。答えによく出てくる「おいしい」「かたい」「美しい」などの形容詞や、「早く」などの副詞は原則アウトです。
※「すっぱい」は名詞ではないので本来はアウトですが、子どもが参加する場合はOK。ゲームの流れを優先します。

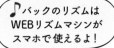

♪バックのリズムはWEBリズムマシンがスマホで使えるよ！

リズムマシンやメトロノームはテンポ90〜110拍／分

1文字チェンジ

親を決めます。リズム（手拍子）に合わせ、3文字の言葉のどこか1字を変えて次々と言葉を作っていきます。つっかえたり、一度使った言葉を言ったらアウトです。

※○○○には、前の人が言った言葉が入ります。

続けてやると楽しい マジカルバナナ ➡ 色とり忍者（P78） ➡ あるある商店街（P128）

だれかとコールが重なったらアウト！
タケノコニョッキ

動画が見れる！

※動画の詳細はP10

タケノコが地上にニョッキと出てくるかけ声のタイミングが大切。だれかとコールが重なったらアウト。"間"を読むのが楽しいゲームです。

人数
4〜6人

場所
室内・屋外

時間
15〜20分

1 全員で横に並び、「せーの」に続いて「タケノコタケノコニョッキッキ！」とかけ声をかけ、最後の「キ！」で胸の前で両手を合わせます。

2 合わせた両手を上に伸ばし「1ニョッキ！」とコール。コールは早い者勝ちですが、重なったらアウト。

立ってやるのもOKだよ

84

Point

【ルール】
- 「せーの、タケノコタケノコニョッキッキ！」でスタートします。（スギノコでもOK）
- だれかの「1ニョッキ」に続いて「2ニョッキ」「3ニョッキ」……とニョッキの数字を1つずつ増やしてコールしていきます。
- コールがだれかと重なったり、最後までコールしなかった人、最後にコールした人はアウト。
- 2アウトでリーチ。3アウトでドボン！（負け＝罰ゲーム）です。
- いかに場の空気を読んでコールするかがポイント。心理戦を楽しみましょう。

③ 「〇ニョッキ」は早い者勝ちです。まわりの空気を瞬時に読んでコールします。

このポーズはそのままキープ

④ 同時にコールすると2人ともアウトです。さらに、最後までコールできなかった人もアウトになります。

アウトが3回たまるとドボンになります。敗者には罰ゲーム（P179〜187参照）を用意しておきましょう。

続けてやると楽しい タケノコニョッキ ➡ 指ゆびキャッチ（P87）➡ 落〜ちた落ちた（P90）

指をつかまえられたらアウト！

鬼茶つぼ

ほどほどの
力加減で
やってね

左手はつかまえ、右手は逃げる。同時に違うことをするので頭が混乱します。だんだん熱くなるからやめられない！

人数
4
〜8
人

場所
室内

時間
15
〜30
分

1 円形に座ったら、左手を軽くにぎって茶つぼを作ります。右手は人さし指だけを出して、右隣の人の茶つぼの中に入れます。

2 最初に言う人を決めたら、その人が「ちゃちゃちゃ、茶つぼ！」と言ってスタート。「茶つぼ」と言い終わった瞬間、左手をぎゅっとにぎって隣の人の指をつかまえ、同時に自分の右手の指はつかまらないように逃げます。

Point
- 茶つぼのげんこつは軽くにぎります。
- 「茶つぼ」と言う人は時計回りで順番に。
- 行う回数を最初に決めてから始めます。

ちゃ、ちゃ・・・

ジリジリ

心理戦だね

ドキドキ

ハマるよ!

アレンジ
指ゆび
キャッチ

キャッ、キャッ、キャッ
キャッチ!

WOW!

「茶つぼ」の合言葉を「キャッチ」に変え、「キャッキャッキャッ、キャッチ!」と言って、指をつかまえます。一文字めが同じ言葉でみんなを引っかけて、混乱させましょう。
引っかけ言葉は「キャップ」「キャット」「キャンプ」「キャイ〜ン」「キャンディ」「キャッシュ」など。

続けてやると楽しい 鬼茶つぼ ➡ 指ゆびキャッチ ➡ ずいずいずっころばし（P66）

指さすほうに向いたら負けよ

あっち向いてホイ

シンプルでも
ついつい
引っかかる！

じゃんけんをして相手の指さす方向を向いたら負けという国民的ゲーム。
ホイホイバージョンは指さす方向が2方向に増えます。

人数
2人～

場所
どこでも

時間
5～20分

あっち向いてホイ

2人で向かい合い、じゃんけんをします。勝った人は「あっち向いてホイ」と言いながら、相手の顔の前で上下左右を指さしましょう。負けた人が、さした指と同じ方向を向いてしまったらアウト。違う方向ならセーフ。

Point

● ふつうの「あっち向いてホイ」だけでも楽しめますが、「ホイホイ」「ホイホイホイ」と回数を増やせば難度が上がって楽しくなります。
● 高齢者がゲームをする場合は反対に、指さす方向を上下だけ、左右だけに限定すると簡単にできます。
● 勝者どうしが戦うトーナメント戦にすると盛り上がります。
● 3回アウトで罰ゲーム。「ブルドッグ」(P186) がおすすめ。

罰ゲーム **ブルドッグ**

あっち向いてホイホイ

ホイホイバージョンのときは、じゃんけんに勝った人が「あっち向いてホイ」のあと、連続してもう1回「ホイ」と言って別方向を指さします。負けた人は、2回とも別方向を向かないとアウトになります。

あっち向いてホイ！

アウト3回で負け

ホイ

あーっ

2回の指さしに引っかからなかったらセーフです。

アレンジ

目線でホイ

顔を近づけてじゃんけんをし、声を出さずにあっち向いてホイ！ じゃんけんに負けた人は、顔を動かさずに目線だけを動かします。慣れてくると、「あ・うん」の呼吸で、サイレントゲームとして楽しめます。電車の中でもできます。

続けてやると楽しい あっち向いてホイ ➡ 目線でホイ ➡ ブンブン蚊 (P94)

リーダーのポーズにだまされるな

どの動物か
忘れずに！

落〜ちた落ちた

リーダーは動物の名前を叫んで、ポーズを指名します。参加者は命令ど
おりのポーズをしなければいけません。歌っている間じゅうハラハラ！

人数
5〜20人

場所
室内・屋外

時間
20〜30分

① リーダーはみんなから見える位置に立ちます。まず、リーダーが下の
ような動物名とポーズを決め、みんなはそれを覚えておきましょう。

② みんなで「♪落ーちた落ちた、なーにが落ちた？」と合唱し、その
あと、リーダーがキーワードを叫ぶので、みんなはそのポーズをし
ます。たとえば、リーダーが「クマ」と叫んだらクマのポーズをして。
間違った人はアウト。

♪おーちた　おちた
なーにが　落ちた？

クマ

リーダーは自分が言った
動物と違うポーズでみ
んなを引っかけます。

あっと

アウト

2回で
罰ゲーム

相手のポーズにつられたら負け

ハナハナハナ

リーダーに
うっかり
つられちゃう

リーダーのかけ声どおりのポーズをみんなでとりましょう。リーダーが
引っかけでポーズをするので気をつけて。つられた人はアウト!

1 はじめに、体の部位のかけ声とポーズを練習します。「ミミ」と3〜
4回唱えてから「アゴ」など違う部位へ。次はそのまま「アゴ」から
唱えます。ほかにハナ・オデコ・アタマなどポーズを決めて練習し
ましょう。

リーダーは何回も練習させて、
耳、鼻などのポーズの記憶を
刷り込みましょう。

練習しよう! ボクのマネをして

ミミ ミミ ミミ ミミ
アゴ!
うまい
うまい
じゃ
もう1回

ハイ
アゴ
カンタン

2 次にリーダーは「ハナハナハナ」と言ったあと、かけ声とは別のと
ころをさわります。それにつられて違うところをさわった人はアウ
トです。

今度は ボクは 言った ところと
違うところを さわるけど つられたら
アウトだよ!

ハナハナハナ ハナ
ミミ

アッ

アウト

人数
5
〜
20
人

場所
室内・屋外

時間
20
〜
30
分

これぞ元祖ナハナハの指名ゲーム

せんだみつおゲーム

やっぱり
せんだみつおは
最高です！

せんだみつおのギャグをもじった瞬発系指名ゲーム。
スピードを上げると楽しく大混乱！　ハラハラしながら盛り上がろう。

人数
5
〜10
人

場所
室内・屋外

時間
20
〜30
分

円形に座り、最初に言う人①をじゃんけんで決めます。①は「せんだ」と言って、メンバーのだれかを指さし（指名し）ます。指名された人②は「みつお」と言って、メンバーのだれかをまた指名します。「みつお」と指名された③の両隣の人④（2人）は、耳の横で両手を振って「ナハナハ」と言います。「ナハナハ」が終わると同時に③は「せんだ」と言ってだれかを指名します。「ナハナハ」を言いそびれた人、つられて「ナハナハ」した人はアウトです。

アレンジ　「ナハナハ」に飽きたら、次は「たけだ→てつや→何ですか〜」「しむら→けん→アイーン」「いっこう→さん→どんだけ〜」など、振り付きで楽しもう。

リーダーの
引っかけテクが
キモ!

赤上げて、白上げないで赤下げて…

赤上げて

赤と白の紙テープを「旗」に見たてて持ちます。リーダーの言うとおりに、
上げたり下げたり上げなかったり。

1 右手に赤テープ、左手には白テープを
持ち、まずは練習です。リーダーが「上
げて」または「下げて」と言った「色」
のテープを大きく振りましょう。たと
えば「上げないで」と言ったときに上
げているとアウト。

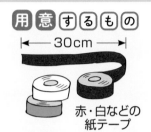

用意するもの

←── 30cm ──→

赤・白などの
紙テープ

持ち方

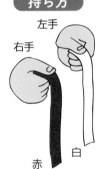

左手
右手
赤
白

ハイ

赤上げて
白上げて
赤下げて

サッ
サッ

ホイ

サッ
サッ

2 本番ではリーダーの「命令」だけを聞き、実行します。ただし、リー
ダーの手の動きはでたらめ。引っかかったらアウトです。

ボクの手は
でたらめだから
マネしちゃ
ダメだよ

では

赤上げて

白下げ
ないで

赤下げ
る

あっ うそ

えっ

うふふっ

人数
5
〜
15
人

場所
室内・屋外

時間
10
〜
20
分

続けてやると楽しい 赤上げて ➡ 30cmと1分間（P152）➡ せんだみつおゲーム（P92）

にっくきヤブ蚊をやっつけろ
ブンブン蚊

ガードできると
気分いいよ～

握手しながらじゃんけんをし、勝った人は相手の手の甲のヤブ蚊をたたきます。負けた人は必死でガードして。どちらが多くたたかれるかな？

人数
2人～

場所
どこでも

時間
10
～20
分

1 1回戦は左手どうしで握手し「ブンブン蚊」と言ってじゃんけんをします。

座ってても
できます

ブンブン（じゃんけん）
蚊（ポイ）！

2 勝った人は握手している相手の甲を（蚊をやっつけるように）たたきます。

蚊取り
一匹

↑
古い！

イテッ

パチン！

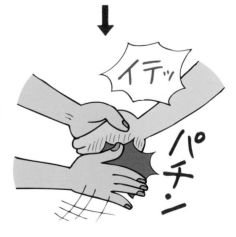

Point

● 相手の手をたたくときは、自分の肌にとまった蚊をたたくときのように「お手やわらか」にしましょう。
● 2回戦は握手する手を右手にチェンジして行います。左右の感覚がくるってゲームが盛り上がります。
● 「蚊！」と大きな声でじゃんけんするとヒートアップするよ！

③ じゃんけんに負けた人はたたかれないように右手でガードします。
これをくり返し、先に3回「蚊取り」できた人の勝ちとなります。

ブンブン

じゃんけんの勝敗を認めてすぐに次の行動をとることで、脳を活性化させます

蚊！

ナイスガード！

ガード

ペチ

続けてやると楽しい　ブンブン蚊 ➡ せんだみつおゲーム（P92）➡ タケノコニョッキ（P84）　**95**

おなじみ指立てゲーム

いっせーのせ！

やめられない
止まらない

いつでもどこでも遊べるシンプルさが人気のおなじみ「指立てゲーム」です。たいくつなとき、時間つぶしにおすすめ。

人数
2〜5人

場所
どこでも

時間
10〜15分

1 じゃんけんで親を決め、全員が両手の親指を上にしたにぎりこぶしを作って、向かい合います。

2 親が大きな声で「いっせーのせ○」と言います（○は参加人数×2倍以内の数字。5人の場合は5×2＝10以内）。

0　1　2

いっせーのせ3

この場の合計は2

いっせーのせ3

勝ち

3 親のかけ声と同時に、ほかの人は自分の親指を好きな本数だけ立てます（0か1本か2本）。立った指の合計が親の言った数と同じ場合は親の勝ち。親は片手を下ろすことができます。

4 親は1回ごとに時計回りに代わります。両手を早く下に下ろせた人が勝ちです。

Point

かけ声は「いっせーのーで○」「いっせーのー○」「指スマ○」などいろいろ。自由に楽しみましょう。

続けてやると楽しい いっせーのせ！ → あっち向いてホイ（P88）→ じゃんけん有名人（P158）

Part 4

リフレッシュできる

ラクラク運動
ゲーム

対戦ゲームやリレーなど、
手軽なエクササイズにもなるゲーム。
軽い運動ばかりなので、体を動かすのが
苦手な人やシニアでも楽しめます。

どんどん丸めてどんどん投げる1分勝負！

丸めてアンブレラ

ポンポン
投げるのが
気持ちいい！

新聞紙や広告チラシなどを丸めてビニール傘へ投げ入れます。1つずつ
丸めて投げるか、たくさん丸めてから狙って投げるか？

人数
2
〜
20
人

場所
室内

時間
30
〜
50
分

1 大きさをそろえたチラシを1人20〜30枚ほど配ります。

広告チラシが
いっぱい

分類します

ビリビリ…

大きいのは
切ってネ

B4 A4

安さ
日本一

△K デ沖

2 準備運動になる玉入れをします。
1枚ずつ丸めて玉にし、目標の箱に投
げ入れます。制限時間1分でどれだけ
できるか、感覚をつかみましょう。

1分

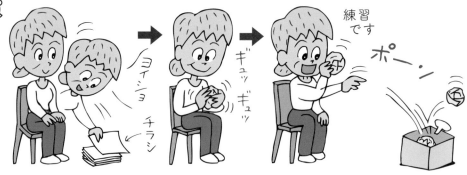

ヨイショ チラシ

ギュッ ギュッ

練習
です

ポーン

Point

- 運動会の玉入れ競争のビニール傘バージョン。
- ビニール傘はLサイズ（65〜70cm）を使用。
- 傘までの距離は5mが目安。床に置くと揺れておもしろい。高めに設置するとやや難度が上がります。
- 新聞紙を丸めて手指の運動、ボールを投げて集中力アップ！
- 団体戦にして、仲間が傘を持ってボールを受けるのも楽しい。

3 本番は、「よーいドン」でみんなでビニール傘に向けて玉入れをスタート。個人戦の場合、勝ち負けは申告制、団体戦の場合は傘をチームの数だけ用意し、時間内に玉を多く入れたチームの勝ち。

> 対抗戦にすると
> 盛り上がります

制限時間は1分

続けてやると楽しい　丸めてアンブレラ → 山手線ゲーム（P136）→ フルーツバスケット（P108）

勝てばどんどん長くなる

じゃんけん列車

大人数に
おすすめ

最初は1人。じゃんけんをして、勝つたびに客車が後ろに増えていきます。
列車みたいに長〜い行列が、最後は1本につながります。

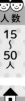
人数
15
〜
50
人

場所
広い室内・
屋外

時間
20
〜
40
分

1 参加者は相手をランダムに選んでじゃんけんをします。負けた人は
勝った人の後ろにまわり、両手を肩にのせます。

2 勝った人は、そのまま出合った相手と次々にじゃんけんをしていき
ます。

最後、勝者は全員をしたがえ、1本の列車になって場内を一周して終了します

じゃんけん

じゃんけん

じゃんけん

大迫力！

アレンジ スローな歩きで **細胞分裂鬼**

最初の鬼につかまった人は、鬼と手をつなぎ2人鬼になります。さらに1人つかまると3人鬼に。4人になった時点で細胞分裂し、2人鬼が2組になります。走ったり、早足はNG。とにかくゆっくりスローモーションで歩くこと。最後まで残った人が勝ち。

つかまえるぞ～

スロー

スロー

ハイタッチ

あら～

制限時間は**10分**

ひえ～！

こわい～

のそのそ

ジワジワ

スロー

続けてやると楽しい じゃんけん列車 ➡ 進化じゃんけん（P106）➡ しっぽ取り（P102）

101

みんなのしっぽを奪い取れ！
しっぽ取り

しっぽを短くする
のは反則だぞ〜

ズボンにはさんだ「しっぽ」を取られないよう、テリトリーの中を逃げ回ります。最後まで生き残った人の勝ちです。

人数
10〜50人

場所
室内・屋外

時間
20〜30分

1 人数に合わせて、逃げ回るのに適当なエリアを決めます。中央のラインも決めておきましょう。

屋外 白線などでエリアを作る

30人のめやす

30m

15m

中央線

体育館の場合

10〜30人→
バレーボールコート
30人以上→
バスケットボールコート

しっぽ

10cm
ズボンの
中に入れる

2 リーダーは、50cmに切ったテープを参加者全員に配り、ズボンなどの後ろにはさんでもらいます（テープは引っぱるとすぐ取れるように、10cmを目安にズボンの中に入れておきます）。

3 リーダーの「よーいスタート」の合図で、自分以外の人の「しっぽ」を取りに行きます。自分の「しっぽ」は取られないように用心して。このときエリアの外に出てはいけません。自分の「しっぽ」を手で押さえるのもNG。

よーい、スタート

ピー

ワ

キャ

Point

● ほかの人のしっぽを何本取っても、自分のしっぽを取られてしまったらアウトとなります。自分のしっぽを最後まで取られないように逃げきった人の勝ちです。

● 人数が減ったら、エリアをどんどん小さくしていきましょう。

● 2回目はしっぽを短くして、取りにくくしましょう。

梱包用のヒラヒラのビニールテープ
（50cmに切って人数分）

笛

4 しっぽを取られた人はエリアの外に出ます。「ストップ」の声がかかるまで残った人、または最後まで生き残った人の勝ちです。

人数がどんどん減ってくるので、途中（2～3分）でエリアを半分にしましょう。

続けてやると楽しい しっぽ取り → どうぶつフレンド（P16）→ 人間バームクーヘン（P124） 103

人数が多いほど盛り上がる
夜店屋さん

動画が見れる！

※動画の詳細はP10

お祭りといえば夜店。みんなが大好きな焼きそば、たこ焼き、わたあめ、ヨーヨーに金魚すくい。本日はその商売の技を伝授いたしましょう。

人数
5〜30人

場所
室内・屋外

時間
20〜30分

1 右ページ上の口上をのべて、みんなを引きつけます。「匠（たくみ）の技を1つずつ教えるのでマネをしてください」と言い、修業スタート。

今日ここに集まったみんなは大ラッキーだ！ なぜなら匠の技をおぼえられるから！

いっぺんに教えるのは大変だから1つずつやるよ お兄さんのマネをしてネ

2 「まず1つ目。水の入ったボンボンをこちらの世界ではヨーヨーと言います。ハイ」と言って、「ヨーヨーいかがっすか〜」と、かったるそうに2回くり返します。

ヨーヨー いかがっすか〜
ヨーヨー いかがっすか〜

じゃあマネして

かったるそーにやるのだ

ヨーヨーのポーズ
右手

（かったるそーに）
ヨーヨー いかがっすか〜
（2回）

Point

[口上]
「みんな、夏といえば何かな？」（お祭り、海、スイカ）→
「お祭り好きな人？」（全員ハ〜イ！）→「いろんなお店が
出るよね？」（全員次々に発言する）→「今の時代、実は
就職難で大変なんです。でも、商売の技術を身につけて
おけば安心だよね。今日はみんなに“商売繁盛”の匠の
技を伝授いたしましょう！」

[ゲームの終了]
「今日身につけた技があれば就職氷河期でも大丈夫！ 大
きくなっても忘れないようにね！」と締めます。

[ルール] ゲームの順番
❶ヨーヨー（右手を上下）
❷ワターシ（左手を回す）
❸フーセン（右足を踏む）
❹ネックレス（首を回す）
❺フラフープ（腰を回す）
❻ホッピング（ジャンプ）
❼あんず飴（口をすぼめる）

③ 「いいね！ みんなうまいぞ！」とほめて、「じゃあ次なる技を伝授しま
しょう！ 次は『わたあめ』だけど、こちらの世界では『ワターシ』と言
います。ハイ」と言って、「ワターシいかがっすか〜」と左手を回します。

④ 「チッチッチッ、ヨーヨーを忘れちゃ困るよ。
ハイ、両手を使って〜」と、マネする技を増
やしていきます。

続けてやると楽しい 夜店屋さん ➡ あと出しじゃんけん（P157）➡ コインダウト！（P164）　**105**

だれが最初の人間になるか？

進化じゃんけん

ミジンコ
だって
人間だ！

じゃんけんに勝てば少しずつ高等生物に進化できます。すべてに勝てば最短5回で人間だけど、そうは問屋がおろさない！

人数
20
〜
40
人

場所
広い室内・屋外

時間
20
〜
40
分

1 体育館などの広い場所に散らばります。最初は全員が「ミジンコ」のポーズで手をユラユラさせながら動き回ります。「進化開始！」の合図とともに近くにいる人とじゃんけんをします。

じゃんけんは
1チ**2**ニ**3**サ**4**シ
じゃんけん**ポン**だよ

進化開始！

ユラユラ　ミジンコ　ユラユラ　ミジンコ

進化の例

ミジンコ	ミミズ	カエル	ゴリラ
手を揺らす	手を合わせて	ヒジを張って	胸をたたいて
ユラユラ	ニュルニュル	グイグイ	ウッホウッホ
ヒザ立ち		カエル足	ガニマタ

Point

● 進化する生物は、アメーバ→ゴキブリ→ニワトリ→ウサギ→サル→人間など、マネできる動物なら何でもOK！ ゲームなので実際の進化とは違います。

● じゃんけんする相手が見つからないときには「ゴリラいませんかー？」などと声をかけ合いましょう。

● 屋外では、ヒザ立ちをしゃがみ歩きに。

● 優勝のごほうびと罰ゲームを前もって決めておくと盛り上がること間違いなし！

♪じゃんけんはリズムよく

イチ ニ サン シ じゃんけん ポン

ユラユラ

② ミジンコどうしのじゃんけんに勝った人はミミズに進化します。負けた人はミジンコのまま、ほかのミジンコを探してじゃんけんをします。ミミズはミミズ、カエルはカエルと、同じ種族でしかじゃんけんできません。負けたら1つ前の種族に戻ります。

ヒト

歩くように手をふる

人間！

中腰

立ち上がる

③ 同じ種族どうしでじゃんけんをくり返し、最初に人間になった人が優勝。

最後までミジンコの人は罰ゲームだよ

続けてやると楽しい 進化じゃんけん ➡ あと出しじゃんけん（P157）➡ 番号踏み（P126）

イスを求めて右往左往

フルーツバスケット

鬼が叫んだテーマに当てはまる人だけが移動する、学校で大人気のイス取りゲーム。ヒートアップするとみんながムキになるからおもしろい！

人数
8〜20人

場所
室内・屋外

時間
30〜40分

1 参加する人より、1つだけ少ないイスを用意して、円になるように並べます。じゃんけんなどで鬼を1人決め、そのほかの人は、並べられたイスの好きなところに座ります。鬼は円の真ん中に。

2 鬼は参加者の中から「白い服を着ている人」「メガネをかけている人」などの共通点を見つけ、みんなの前でそれを叫びます。鬼の言った内容に当てはまる人はすぐにイスから立ち上がり、別のイスに移ります。このとき、鬼もいっしょにイスに座ります。最後にイスに座れなかった人が鬼になります。

白い服の人

Point
●全員が移動しなければならない「フルーツバスケット」のキーワードが使えるのは、鬼が2回以上続いたときか、通常の移動が3回以上続いたあとです。
●キーワードを「フルーツバスケット」以外のものにする場合は、事前に決めておきましょう。参加しているだれかの名前にすると、まぎらわしくなって盛り上がります。
●テーマに当てはまる人が1人しかいなかった場合は、必然的にその人が鬼と交代します。鬼は、わざと1人しか当てはまらないテーマを選んでもおもしろいでしょう。

3 鬼が「フルーツバスケット」と言ったときは、全員がいっせいに移動しなければなりません。このキーワードは「全員、解散」「紅白歌合戦」「1・2・3・ダー！」などに代えてもOK。

イスがない場合は、ボール紙などを敷いて、その上に座ってもいいでしょう。また、屋外では、イスのかわりに地面に小さな円を描き、その中に立ちます。

続けてやると楽しい フルーツバスケット ➡ ハンカチ落とし（P110）➡ こんにちは さようなら（P18）

全員参加ゲームの定番

ハンカチ落とし

持ってるフリ
で盛り上がる

みんなの後ろを回りながら、そしらぬ顔でハンカチを落としていく世界共通のレクリエーションゲーム。鬼になるほうが楽しいかもね。

人数
10人〜

場所
室内・屋外

時間
20〜40分

1 円の内側を向いて、手をヒザで組んで座ります。

2 鬼を1人決めます。鬼はハンカチを持ち、腰を低くして円の外側を回ります。回りながらだれかの後ろにハンカチを落とし、一周してハンカチを落とした人にタッチすることを目指します。
※タッチされた人は円の中心の「便所」に入ります。

3 座っている人は後ろを見てはいけません。鬼が通ったら手探りで、自分の後ろにハンカチが落ちていないかチェックします。ハンカチを落とした鬼はまだ持っているフリをして回ります。

あった

ハンカチは
おしりの近く
に落とします。

行きま〜す！

カモン！

Point

● 鬼はハンカチを手の届くところ（おしりの近く）に落とさなければなりません。
● ハンカチに気づかず鬼にタッチされた人、ハンカチを見つけた人に追いつかれてタッチされた鬼は「便所」に入ります。次の人が来るまではそのままです。
● 手をヒザで組んで座る体育座りは、すぐ立ち上がれないようにするためです。つらい人は横座りでもOK！
● 「便所」の人がなかなか変わらないときは、鬼が5回変わったら円に戻れるルールにしましょう。

用意するもの

ハンカチか
バンダナ2枚

4 ハンカチを見つけた人はそれを持って鬼を追いかけます。鬼は逃げて空いている席に座ればセーフ。鬼は交代です。もし追いつかれてタッチされたら「便所」に入ります。その場合は追いついた人が鬼になります。

鬼はまだハンカチを持ってるフリして走る

どこに落とそうかな〜

なし…

ホッ

やば…

オラ急げ

2人鬼、3人鬼でスリル満点大混乱！

アレンジ

Wハンカチ落とし

人数が25人以上なら、鬼を2人にした「Wハンカチ落とし」が盛り上がります。のんびり座ってなんかいられません、落としまくって逃げまくれ！

続けてやると楽しい ハンカチ落とし ➡ じゃんけんチヂミ（P125）➡ どうぶつフレンド（P16）

どこに転ぶかわからない？
ワインボトルレース

ビニール傘を使ってワインボトルを転がしていきます。いちばん早くゴールできたチームの勝ち。どこに転がるかわからないからアタフタ！

人数
8〜30人

場所
屋外

時間
30〜40分

1 各チームの代表者1人はリーダーの「よーいドン」の合図で、ワインボトルを倒し、ペットボトルの位置までビニール傘で転がします。戻ったら次の人に。

1チーム4〜5人がベスト。人数が多いときはチーム数を増やします。

やる順番は決めておくのネ

ビニール傘のどちらを持ってもOK!

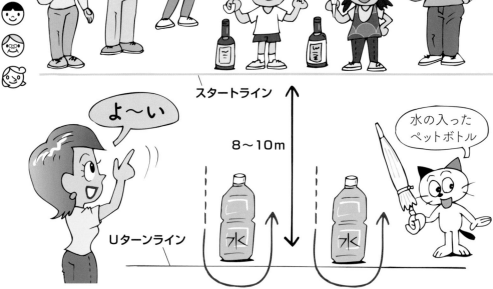

よ〜い

スタートライン

8〜10m

Uターンライン

水の入ったペットボトル

112

Point

- ワインボトルはどこに転がっていくかわからないので、あまり勢いをつけないのがうまく転がすコツ。
- ワインボトルのかわりにビール瓶でもOK。
- ビニール傘は先を持っても柄を持ってもかまいません。自分でやりやすいほうを見つけましょう。
- ビニール傘を割りバシにすると、もっと難しくなります。

用意するもの

ペットボトル
ビニール傘
ワインボトル
（それぞれチームの数）

② ボトルを転がすときに手を使うのはNGです。

③ 全員が3周リレーし、早く戻ったチームの勝ちです。

ゴロゴロ

ワーイ

アレンジ

W空き缶レース

割りバシ2本って使いにくいぞ～！

ワインボトルレースと同じ要領で、1人2本の割りバシを使って、2つの缶を転がしていきます。缶はどのように転がしてもOKですが、飛ばすのはNGです。

あたまいーー

カラカラ

続けてやると楽しい ワインボトル ⇒ おっとっと水くみ（P114）⇒ おみこしレース（P22）

113

こぼさないで運べるかな？
おっとっと水くみリレー

カップを手に持って水を運んでいくリレー。水をこぼさないように、できるだけ早くたくさん運んだチームの勝ちです。

人数
8〜30人

場所
屋外

時間
30〜50分

1 各チームの代表者1人は、リーダーの「よーいドン」の合図で、カップでバケツの水をくみ、5〜10m離れたペットボトルに水を運びます。

1チーム4〜5人がベスト。人数が多いときはチーム数を増やします。

やる順番は決めておくのネ

カップは1チーム1コ

よ〜い

スタートライン

5〜10m

紙で中を見えなくしてもOK！

ガムテープで固定

あればテーブル

Point

● カップは、紙のものはぬれると何度も使えないので、スチロールやプラスチック素材がベスト。

● カップに水を入れすぎると、途中でこぼれてしまうので注意。こぼれないギリギリのラインまで水を入れましょう。

● ペットボトルの水の量が見えないように紙で隠しておくと、最後まで結果がわからなくて盛り上がります。

用意するもの

350㎖スチロールカップ（チームの数）

ガムテープ

大きいポリバケツ2個（チームの数）

空の1.5ℓペットボトル（1チーム3個×チーム数）

2 水をこぼさないよう慎重にペットボトルまで運びます。

3 口が小さいペットボトルは、急いで注ぐとこぼれるので注意して。

おっとっと

ととと

おっとっとっと

4 リーダーは各チームのメンバー全員が2周するくらいの時間を見計らい、「ストップ」をかけます。最後にたくさん水を運んだチームの勝ちとなります。

30秒前
5 4 3 2 1
ストップ

ウーイ

カメチームの勝ち〜！

パチパチパチ

続けてやると楽しい おっとっと水くみ ➡ ロープリレー（P24）➡ おみこしレース（P22）

ポリ袋に入ってズリズリ歩こう！
ポリ袋レース

楽しいから
やってみて！

大きなポリ袋に入って、小股歩きでゴールを目指します。袋がすり切れてもいいので、どんどん歩こう。がんばる姿がユーモラス。

人数
8
〜
30
人

場所
広い室内・屋外

時間
30
〜
50
分

1 リーダーは参加者がスタートラインに並んだらポリ袋を配布し、「みなさん、袋に入ってください」と言います。

ポリ袋に
入って
ください

1レース4〜5人
がベスト

麻袋でやった
ことあるよ

スタートライン

2 はじめに歩く練習をします。何歩かウォーキングしていると、歩くコツがつかめてきます。

まずは
歩く練習
で〜す

歩けるわ

♪

おっ
カンタン

スニーカーが
オススメ
です！

- 靴下はすべるので、体育館などの室内でも靴をはいてやります。
- ポリ袋は小さいサイズだと歩きづらいので、最小でも45ℓを使用。
- 歩く競技なので、走ったり、とんだり、はねたりして進むのは禁止です。
- 個人戦でも団体戦でも楽しめます。

用意するもの

45ℓのポリ袋
（人数分×2回分）

ペットボトル

個人戦

よ〜い

ピー！

3 「よーい、ピー」の笛でスタート。中間地点のペットボトルで折り返し、早く戻った人（チーム）の勝ち。予選と決勝を行います（計2回）。

片道10m

Go! Go!

ズリズリ

それ！それ！

テクテク

ズリズリ

リレーにしても楽しいよ！

※動画の詳細はP10

アレンジ

ポリ袋じゅうたんレース

動画が見れる！

① 2人1組で。1人がじゅうたん（ポリ袋）の上にのり、もう1人がポリ袋の片端を両手でつかみます。
② 「せーの、はい！」のかけ声でポリ袋にのっている人が前方へジャンプし、つかんでいる人は同時に、20〜30cm手前にポリ袋を引きます。
③ 2人の息を合わせてこれをくり返し、早くゴールについたチームの勝ち。
④ 何回か練習してからスタートしましょう。

※床や地面がすべらないか、事前にチェックしてからやりましょう。

ポリ袋
靴をはく
前方に立つ

せーの

ハイ！
ピョッ！
ぐいっ

続けてやると楽しい ポリ袋レース ➡ おっとっと水くみ（P114）➡ ワインボトル（P112）

割りバシをペットボトルの口に入れる

ペットボトルダーツ

動画が見れる！

※動画の詳細はP10

ペットボトルの口を目がけて割りバシを投下。片目をつぶって意識を集中しよう。まわりの人が騒ぐと、集中できずに失敗しやすい！

ペットボトルを中心に輪になります。1人5〜10本の割りバシを持ち、順番にペットボトルの口に割りバシを投下します。数多く入れた人（チーム）の勝ち。チーム対抗にすると、あせって失敗が増えやすく、盛り上がる！

用意するもの

ペットボトル
（2ℓ1個・チーム戦の
場合はチームの数）
割りバシ（割ったもの）
（1人分5〜10本×人数分）

人数
2〜15人

場所
室内・屋外

時間
20〜30分

あ〜っ！

トン！

精神統一

Point

【ルール】
●チーム戦は、3人×5チームくらいが目安。スタートの合図で割りバシを投下開始。
●割りバシは目の下あたりから投下させます。なかなか入らないときは、腰あたりの高さからでOK（全員同じ条件にします）。
●1人が2〜3本連続投下ルールもあり。
●ペットボトルに入った本数が多いチームの勝ち。

入口がよく
見えん！

ウムム…

高齢者は座って
やってもOK

ポールが倒れないようにしっかり！
ペットボトルバランスポール

指先にペットボトルのポールをのせて集中し、バランスをとりましょう。
シニアの脳トレとしても最適。自分の記録にも挑戦しよう！

空のペットボトルを2〜3本つないでポールを作り、人さし指と中指の先にのせて、バランスをとります。その状態で長時間キープできた人の勝ち。

人数
2〜10人

場所
どこでも

時間
20〜30分

おっとっと

あらよっと

左手でも

はじめは手の平でやってもOK！

立っても座ってもOK！

ペットボトルは超軽いのであつかいやすいのです！

じつは

自己記録に挑戦するわ！

スマホのタイマーを使って時間をはかる手も。

作り方

ガムテープでペットボトルの底やフタをつなぐ。
● 2ℓサイズは不向き。
● なるべく同じドリンクのボトルがおすすめ。

1〜1.5ℓは2本

500mlは2〜3本

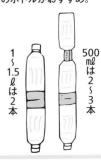

続けてやると楽しい バランスポール ➡ ペットボトルダーツ（P118）➡ けん玉（P123）

119

ペットボトルでキャッチボール
ペットボトルラクロス

ペットボトルとボールを使った、簡単ラクロス。練習してラリーを長く
続けられるようになると楽しいよ。

人数
2〜10人

場所
屋外・広い室内

時間
20〜30分

1 下の囲み内イラストを参考にペットボトルで「クロス」を作り、キャッチボールの要領でテニスボールを投げて遊びます。

それっ

2人でも3人でも遊べるよ

ホイ!

スローイング

スポッ

スポッ

ダイレクトキャッチ

ワンバウンド

ラクロスの「クロス」

ラクロスボール

硬式テニスボール

どちらでもOK!

ペットボトル「クロス」の作り方

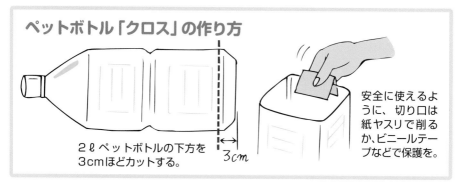

2ℓペットボトルの下方を3cmほどカットする。

3cm

安全に使えるように、切り口は紙ヤスリで削るか、ビニールテープなどで保護を。

Point

● ボールは、軽いものを選ぶとなかなか入らないので、ある程度重さのある硬式テニスボールがおすすめです。

● ペットボトルのクロスは、深いほうがボールをコントロールしやすくなります。

● はじめは口径の広い2ℓクロスで。上達したら1.5ℓの狭いクロスに挑戦してみましょう。

用 意 す る も の

2ℓペットボトル（人数分）　ボール

カッター

2 人数が多い場合は、円になって自由なキャッチボールや、ダブルスや3対3などのチーム対抗戦を楽しみましょう。ラリーが長く続いたチームの勝ちです。

続けてやると楽しい ペットボトルラクロス → ブンブン投げ（P122）→ けん玉（P123）

めざせ！ご町内の金メダル
ペットボトル ブンブン投げ

ファイト！

ペットボトルで作った「ハンマー」で、飛んだ距離を競います。ブンブン回せば気分爽快。練習して遠くまで飛ばそう。まわりに気をつけて。

人数
4〜20人

場所
広い屋外

時間
20〜30分

広い屋外でペットボトルのハンマーを投げて遊びます。参加者全員が1人3回ずつ投げ、指定エリア内のいちばん遠くに投げた人が勝ちです。頭の上で回転させて勢いをつけると10〜20m飛びますが、そのぶん方向のコントロールが難しくなります。

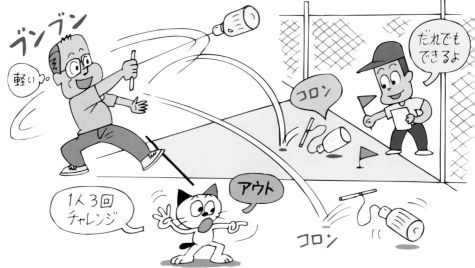

ペットボトルハンマーの作り方

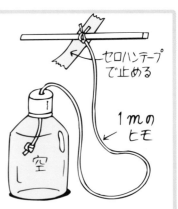

300mlの空ペットボトル

❶ペットボトルのキャップにキリで穴をあける。

❷1mのヒモ（タコ糸）をその穴に通して止める。

❸割りバシにヒモを結び、ズレないようセロハンテープでしっかり止める。

セロハンテープで止める

1mのヒモ

空

手首を返してポーンポン！
ペットボトルけん玉

ペットボトルで作ったアイデアけん玉。はじめは手首を返すのがちょっとつらいけど、慣れるとリズムよくボールをあやつれます。

下のイラストを参考に、ペットボトルでけん玉を作ります。玉は、硬式テニスボールが300mℓの切り口にピッタリのります。また、1.5ℓのほうにはスッポリ入るので、手首を使って交互にくり返しながら遊びます。

小さいほうに載せて

大きいほうには入れる

両方 大きいペットボトルもOK！

反射神経 UPに good！

ペットボトルけん玉の作り方

切り口は安全に使えるように、紙ヤスリで削るか、ビニールテープなどで保護を。

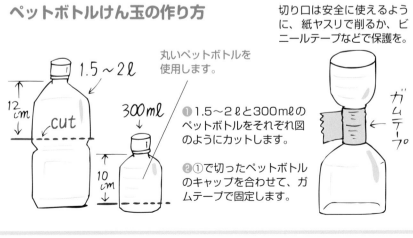

丸いペットボトルを使用します。

1.5～2ℓ

12cm cut

300mℓ

10cm

ガムテープ

❶ 1.5～2ℓと300mℓのペットボトルをそれぞれ図のようにカットします。

❷ ①で切ったペットボトルのキャップを合わせて、ガムテープで固定します。

続けてやると楽しいけん玉 → ブンブン投げ（P122）→ ペットボトルダーツ（P118）

みんなでグルグル重なろう

人間バームクーヘン

あったまるよ！

リーダーのお題に合わせて並び、バームクーヘンのようにクルクル回ってひとかたまりに。大勢で遊べる仲よしゲームです。

人数 10〜50人

場所 室内・屋外

時間 20〜40分

1 リーダーを1人決めます。1チーム10〜15人になり、人数が多いときは複数チームを作って遊びます。

1チーム・10〜15人

2 リーダーは「お題」を発表します。みんなは「お題」に合わせて並ぶ順番を決め、手をつないで外向きに並びます。次に、バームクーヘンのようにうず巻き状にグルグル重なっていきましょう。勝ち負けより、丸くまとまる一体感を楽しむゲームです。

お題

背の高い人を中心に　バームクーヘン！

お題例 ▶ 「誕生日順にバームクーヘン！」「男女交互にバームクーヘン！」など

歩く姿がおもしろい
じゃんけんチヂミ

10センチずつ縮むよ

じゃんけんをして負けたほうが縮んでいくゲーム。どんどん縮んでヒザをついた人は負け。腰痛やぎっくり腰にご用心！

1 近くにいる人とじゃんけんをします。負けた人は頭を押さえて、「チヂミます、チヂミます」と言いながらヒザを曲げて10cmほど縮みます。

じゃんけんポン

10センチ

チヂミますチヂミます

2 1回終わるごとに相手を変え、じゃんけんをしていきます。縮みすぎてヒザやおしりをついた人が負け。最後まで倒れなかった人の勝ちとなります。

じゃんけんポン

チヂミますチヂミます

じゃんけんポン

あ〜もうダメ

2〜3回やりましょう。

人数
10〜50人

場所
室内・屋外

時間
20〜40分

続けてやると楽しい じゃんけんチヂミ ➡ 進化じゃんけん（P106）➡ 夜店屋さん（P104）

番号札を早足でバンバン踏んでいく
番号踏み

タップダンス
みたいね！

バラバラに置いた番号札を、番号順にいかに早足で踏みきるかを競うタイムレース。反射神経と番号を見つける目のよさが勝利のカギ。

人数
5〜50人

場所
屋外・室内

時間
30〜40分

① 直径1mほどの円の中に1〜30の番号カード（10×10cm）を置き、「よーいドン」の合図とともに番号を順番に踏んでいきます。できるだけ早く最後まで踏み終えた人の勝ち。リーダーは最後の「30」を踏み終えるまでの時間をはかっておきましょう。

個人戦

よーい

覚えて…

A〜Zの
アルファベット
26文字でも
OK！

ストップ
ウォッチ

② 番号を踏む人は「1、2、3、4……」と声を出しながら踏んでいきましょう。

みんなで監視

ア レ ン ジ **チーム対抗戦**

1チーム5〜10人。チームの中で番号を踏んでいく順番を決めたら、その順番どおりに円を囲みましょう。「よーいドン」の合図で、1番目の人から順に番号を1枚だけ踏み、次の人へ。30まで早く踏みきれたチームの勝ちです。

 続けてやると楽しい 番号踏み → くっつき天国（P17）→ 人間知恵の輪（P30）

Part 5

知的に遊ぼう

頭の体操
ゲーム

知識力や記憶力が役に立つ
脳を活性化するゲーム。
頭を使って遊ぶことで、思い出す力、
覚えておく力がアップするかも。

あるある商店街

売っているものはな～に？

まさかの
商品名が
大ウケ！

お店が決まったら、カードを引いてその店で売っていそうな商品を答えます。みんなが商品を「ある」「ない」で判定していく連想ゲームです。

人数
6～10人

場所
室内

時間
20～30分

1 「お店屋さんカード」と「あいうえおカード」の2種類のカードを作ります。

厚紙（A4×3～4枚）

魚屋	電気屋	肉屋	甘味処
キド○ホーテ	ヨド○シカメラ	マ○キヨ	

cut

お店屋さんカード（20～30店分）

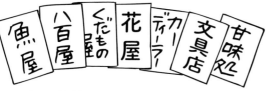

魚屋　八百屋　くだもの屋　花屋　カーディーラー　文具店　甘味処

あいうえおカード
（「ん」と「を」は除く）

あ　い　う　え　お

トレイにのせる

厚紙（A4×3枚）

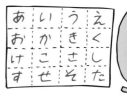

あ	い	う	え
お	か	き	く
け	こ	さ	し
す	せ	そ	た

カードが
余ったら
「さ行」を
もう1組

2 リーダーを決め、ほかのみんなは2チームに分かれ向き合います。「お店屋さんカード」はリーダーの前に置き、「あいうえおカード」はよく切ってトレイにのせ、両チームのトップの人の前に置いておきましょう。リーダーが「お店屋さんカード」を引いてスタートします。

では開店しま～す

わくわく

お店はこれです

マ○キヨ

Point

●「あいうえおカード」をトレイにのせて、次々にカードを引かせるとゲームの進行が早くなります。終わったカードはトレイの横に戻しておきましょう。

●同じ地域に住む人とゲームをするときは、その地域の有名店やホームセンターなどを登場させると盛り上がります。

用意するもの

お店屋さんカード

あいうえおカードとトレイ

③ リーダーがお店を開いたら、先攻チームのトップの人が「あいうえおカード」をめくり、出た文字が頭につく商品名を答えます。みんなは、その商品があるかないかを判定します。次に後攻チームのトップの人が「カード」をめくり、商品名を答えます。カードを順番に交互にめくり、答えが出なかったチームの負け。新しいお店を開いて次の人から再スタート。

もめたらあるかないかはリーダーが決める

④ 答えにつまったらリーダーは、5カウントダウンして決着をつけます。

続けてやると楽しい　あるある商店街 ➡ アウトとセーフ（P130）➡ 美味しんぼパズル（P138）

アウトとセーフ

質問の答えをポーズでジャッジ

引っかけ問題例がたっぷりあるよ！

答えが合っていると思ったらセーフ！ 間違っていると思ったらアウト！ のポーズ。次々に出題されると頭の中が大パニック！

1 人数が多いときは、2〜4人のグループを作りましょう。

2 リーダーは問題を言ったあと、「『せーの』と声をかけますから、合っていれば『セーフ』、間違っているなら『アウト』のポーズで、大きな声を出してください」と説明して、リハーサル。

「正しい」と思ったら
セーフ

「間違っている」と思ったら
アウト

ではリハーサルしましょう

問題

1＋1は2である

せーの

グループA

セーーフ！

B

C

てな調子

Point

● 問題は、事前に用意して「ゆっくり」読みましょう。
● 仲間のことを問題にすると盛り上がるよ（例　○○さんは30才？）。
● 答えを3回間違えたチームは、ゲームを始める前に決めておいた罰ゲーム（P179～187）をします。
●「アウト」と「セーフ」を無言＝ポーズだけでやる「サイレントタイム」を入れるのも楽しい。
● 個人戦でもグループ対抗戦でもOK！

用意するもの

問題

30問以上の問題

③ リハーサル2回目。「犬は英語でキャットという。せーの」、「アウト！」。「ではここからが本番です」とゲームをスタートさせます。

サッカーで手を使えるのはキーパーだけ！

せーの

セー…。 アウト！

スローインで全員手が使える！のでアウト！

出題例 ▶ 引っかけ問題30

新聞を読めばいくらでも問題を作れるよ

○ 毒リンゴを食べたのは白雪姫？
× 桃太郎が最初に出合ったのは犬である？
× カズオイシグロ氏が受賞したノーベル賞は作品賞である？
○ 同じ年齢の兄弟もいる？
○ 免許がなくても車に乗れる？
× から揚げは鶏肉だけ？
○ トンカツの肉は豚肉だけ？
× 時計の針は戻せない？
○ オセロのコマは白と黒だけ？
○ ルックとブックは英語で1文字違い？
× 救急車に乗るのはけが人だけ？
○ お酒を飲んだあとに車に乗れる？
○ 東京スカイツリーは墨田区にある？
× 鎌倉の大仏より奈良の大仏が先に立った？
× カエルの子どもは子ガエルである？

○ パンダのしっぽは白である？
○ ファーストキスは一度だけ？
× サメは英語でジョーズという？
○ ヤギは「メェー」と鳴く？
× 保育士は女性だけ？
× 水族館にいるのは魚だけ？
× 雪見だいふくはあんこ入り？
× バナナには必ず種がある？
× パイナップルは高い木に実る？
× エアコンはエアーコントロールの略？
× アイスクリームはイタリア語でデザートという？
× 花束、1束と2束を合わせると3束である？
○ 信号機のいちばん左は青？
× タラちゃんの苗字はイソノである？
× 水は英語でミネラルという？
○ お茶の生産量日本一は静岡県である？

続けてやると楽しい アウトとセーフ ➡ NGワード（P134）➡ 10品記憶力（P140）

全部マネしちゃアウト！
だるまさん命令ゲーム

リーダーが「だるまさん」と言ったときだけリーダーの命令を聞いて動きをマネします。リーダーがなんと言うかよーく聞いて、だまされないでね。

人数
10〜30人

場所
室内・屋外

時間
20〜30分

1 リーダーは全員に「『だるまさん』と言ったときだけ、私のマネをしてください。それ以外は私のマネをしたらアウトですよ」と言います。

「だるまさん」と言ったときだけボクのマネをしてください

2 リーダーが「だるまさん、では練習を始めます」と言って練習を始めます。

だるまさん
左手を耳に

だるまさん
おろしましょう

ハイ！

● みんなをだませるよう、命令の出し方を工夫しましょう。
たとえば……
「だるまさん、全員立って」（○）→すぐに「座って！」（座ったら×）
「だるまさん、右向け右！」（○）→「だるまさん、前の人の肩をたたきましょう」（○）
→「今度は後ろを向いて、後ろの人の肩をたたきましょう」（たたいたら×）
「だるまさん、前を向きましょう」（○）→「はい、ご苦労さま。座っていいですよ」（×）
● 命令を出すスピードを上げていくと、難しさがアップします。
● 一定のリズムに合わせて、テンポよく動いていくと、みんながリーダーの動きについついつられて動きます。

3 「だるまさん、右手をあげて」など、「だるまさん」をつけて動作を
マネさせましょう。

4 本番では、「右手をあげて」など、「だるまさん」をつけない
命令をまぜて、みんなをだましましょう。

続けてやると楽しい だるまさん命令 → 30cmと1分間（P152）→ じゃんけん有名人（P158） **133**

その言葉、言ったら負けよ

NGワード

ついつい
言っちゃう言葉
ばかりだからね

自分のおでこに貼られた言葉がNGワード。NGワードを言った人はアウト！　相手の誘導尋問にまどわされないよう、うまく会話しましょう。

人数
4〜9人

場所
室内

時間
20〜30分

① リーダーは参加人数×回数分のNGワードを作り、白い紙に大きく書きます。

2回戦
やろう

なるほど　了解

まじかよ

NGワード例▶

へー、まじ、うそー、また、なるほど、だから、ホント、じつは、そう、やっぱり、っていうか、〜じゃんなど、会話の中によく出てくる言葉を選びます。

② リーダーは、NGワードをみんなに見えないようにふせて置きます。その中から1人1枚ずつ選ばせ、それを1人1人おでこに貼っていきます。

これ

では

ペタ

ホント

?

見えない

セロハンテープの
のり面を外側
に丸くして
紙に貼る

へー

ふむふむ

じつは

そーいう
言葉か

うそー

Point

● NGワードは年代によってかなり異なるので、参加者によって調整します。
● 高齢者が多いときは、若者言葉ははずします。
〈高齢者用NGワード〉
ほら、そうそう、あのね、あれ、なんだっけ、あっそう、まいった、ナウい　など。
● 部屋の中の鏡やガラスに映ってNGワードがわかってしまわないように注意しましょう。

用意するもの

A4の紙
（厚口を8分割・人数×回数分）

サインペン

セロハンテープ

③ 人数が多いときは3人1組のチームに分けましょう。積極的に会話に参加しない人は失格。「会話スタート」でゲームを開始します。

④ NGワードを言った人はアウト、いちばん最後まで残った人の勝ちです。
　※2回戦目は、別のNGワードにして遊びましょう。

続けてやると楽しい NGワード ➡ 山手線ゲーム（P136）➡ アラーム爆弾＋和洋中（P154）

もの知りゲームのチャンピオン
山手線ゲーム

テンポに
合わせて
答えよう

親の世代から伝わる、別名「古今東西ゲーム」。得意なテーマが出れば、たくさん答えられるかな？ さあ、日ごろの知識の見せどころです。

人数
3〜10人

場所
どこでも

時間
10〜30分

1 円形に座ったら、じゃんけんをして、リーダーを決めます。

2 リーダーは「山手線ゲーム」と言ったあと、テーマ「○○の名前」と、答えを言います。

出題例

山手線の駅名、アニメ・マンガの題名・登場人物、動物、植物、果物、おいしい物、野菜、飲み物、県名、職業、芸能人の名前、山、川、湖、島の名前　など

3 「パンパン」と2回手拍子を打ったあと、次の人はテーマに合った答えを言います。答えたら、また手拍子を入れて次の人に……。

♪山手線ゲーム
〜野菜の名前
ニンジン！

きゅうり

大根

なーす

アボカドはくだもの

アボカド

トマト

ピーマン

たすかったー。

ホッ

ブー

アウト

エッ

Point
●はじめは、みんなが答えやすいテーマを出題しましょう。あまりにテーマが狭いと、みんなが答えられず、盛り上がりません。
●再スタートするときは、アウトの人が違うテーマを出して始めましょう。

④ 答えにつまったり、テーマと違う答えを言ったり、一度出た答えを言った人はアウトです。

アレンジ

名前だけでなく、「〜ング」のつく言葉など、単語をテーマにしてもおもしろいでしょう。
●「〜ング」のつく言葉
ショッピング、ジョギング、ドッキング、ハイキング、スイミング、クッキング、ストッキング、ハプニング　など
●「〜クス」のつく言葉
ミックス、マックス、ボックス、エックス、ソックス、シックス、スフィンクス　など

アレンジ　山手線ピンポン

山手線ゲームと卓球を合体した遊びです。山手線ゲームの手拍子のかわりに、卓球のラリーで打ち返すときに答えます。ラリーを失敗したり、答えを失敗したら失点です。いったん止まったら、そのままのテーマで始めるもよし、チェンジするもよし。

●スマッシュはなし。
シングルでもダブルスでもOK。
●10点マッチなど、点数を決めて行いましょう。
●「山手線バドミントン」や「山手線ペットボトルラクロス」（P120）もやってみよう！

P188の「出題＆解答のヒント」を参照。

続けてやると楽しい 山手線ゲーム ➡ アラーム爆弾＋和洋中（P154）➡ 魚鳥木（P147）

美味しんぼパズル

おいしいものならおまかせ

美味(おい)しんぼパズル

雑学グルメの
出番です

マスに並んだ16文字の中から飲食物の名前を探し出そう。できるだけ多く見つけられたチームの勝ち。頭を回転させて臨みましょう！

人数
6〜10人

場所
室内

時間
20〜30分

1 1組3〜4人のチームを作りましょう。リーダーは拡大コピーした下の問題用紙と解答用紙を配ります。

問題

カ	ミ	サ	マ
ナ	リ	タ	シ
ア	ン	ゴ	ー
ウ	イ	ス	キ

配りま〜す

カミサマ ナリタシ？
暗号？

2 問題用紙の中にあるカタカナをいろいろ組み合わせて「飲食物」の名前を作ります。同じ文字を何回使用してもOK。5分以内に最も多く解答用紙に答えを書けたチームの勝ちです。

「食べものの名前」
制限時間は
5分

よーい
ドン

よし、「カ」行から
いくぞ
「カナリア」

バカ
カナリアは
食えるか！

カミナリ カシ カイ カキ
カス カミ カマス
カリン

解答例 ▶ **左ページの❶パズルの正解**

アナゴ、アン、イカ、イサキ、ウイスキー、
カイ、カサゴ、カシ、カマス、カリン、
キウイ、キス、キンカン、サカナ、サキイカ、
サシミ、サンマ、スイカ、スシ、タイ、
タカナ、タマゴ、ナマタマゴ、ナン、
マンゴー、ミカン、ミリン、リンゴなど。
まだまだあるかも……。

用意するもの

問題用紙

サインペン

解答用紙
（それぞれチームの数）

③ リーダーは5分たったら10カウントダウンでストップをかけ、解答用紙を回収します。それをみんなの前で見せて答え合わせをしましょう。間違い解答をチェックしたら、最後に正解数を数えます。

アレンジ

県名パズル

ワ	ク	ト	ニ
タ	マ	オ	サ
カ	イ	ガ	ネ
ヤ	フ	ナ	シ

美味しんぼパズルの県名バージョン。16文字の中に隠された日本の「都道府県名」を探し出そう。同じ字を何回使用してもOK。（制限時間5分）

正解 山形、福島、新潟、神奈川、埼玉、
富山、石川、福井、山梨、滋賀、大阪、
和歌山、島根、岡山、徳島、香川、福岡、
佐賀、大分（全部で19府県）

🔖 おまけパズル3問「洋食の名前」「和食の名前」「動物の名前」はP188「出題&解答のヒント」に紹介。

続けてやると楽しい 美味しんぼパズル ➡ 漢字テスト初級（P146） ➡ 魚鳥木（P147）

「10品」記憶力

10秒間に10品を記憶せよ

シニアの脳トレにも！

年とともに衰える記憶力。今ここに何があったか思い出すのもひと苦労？
10秒間で10品の小物を記憶するゲーム。脳ミソのシワに刻み込め！

人数
6〜8人

場所
室内

時間
20〜30分

1 リーダーはゲームが始まる前に、用意した小物10品をテーブルに一列に並べて携帯のカメラで撮影し、カバーをかけておきます。

2 みんなをテーブルの前に集めたら、カバーをはずし、「10品記憶力テストをやります。10秒間、品物をなるべく多く記憶してください。品名を絶対にしゃべらないこと」と言いましょう。

Point
● 用意する小物は、手鏡やメガネ、目薬など身近なものでOK。わざわざ買って用意する必要はありません。
● 似たようなデザインや色の小物を組み合わせると、難易度がアップします。
● 人数が多いときは、10代チーム、20代チーム、中高年チームなど、チームを世代ごとに分けると盛り上がるでしょう。

用意するもの

小物を10品

③ 10秒たったら「ストップ」をかけ、品物にカバーをかけて、みんなに紙と筆記用具を配ります。品名を左から順番に思い出しながら紙に書いてもらい、いっせいに答え合わせをします。品名や順番をより正しく書いた人が「記憶力キング」となります。

アレンジ

「10品」記憶力元どおり

❶ AとBの2チームに分かれます。Aチームはテーブルに10品を1～2列に並べ、携帯のカメラで撮影します。このとき、Bチームは後ろを向いて見ないようにしましょう。
❷ 「スタート」でBチームは10秒間品物をよく見て並び方を記憶します。
❸ 10秒たったら「ストップ」をかけ、Bチームは後ろ向きになります。Aチームは品物をテーブルの中央に集めて。
❹ Bチームは全員で記憶をたどり、元の順に品物を並べます（制限時間5分）。
❺ ①で撮影した写真で確認しましょう。間違い1つにつき1点減点（10点満点）。

※年代に合わせて品数を増やしたり、時間を調節しましょう。

続けてやると楽しい 10品記憶力 ➡ 10品記憶力元どおり➡ 連想カード（P162）

みんなと同じ漢字を書いてちゃダメ

漢字博士

スマホのせいで
漢字忘れが
進行中！

テーマに合った漢字をひねり出そう。でも漢字が書けるだけじゃダメ。人が思いつかない漢字を書く「高等戦術」が勝利のカギ。

人数 4〜10人

場所 室内

時間 30〜40分

1 リーダーは全員に解答用紙とペンを配ります。次に、「3分で木へんのつく漢字を4つ書いてください」とテーマを決めてお題を出します。

木へんの漢字を
4つ書いて
木へん
バカに
してんのか
たった4つで
いーの？
4字？

2 解答用紙をみんなに見えるように出してもらいます。みんなと同じ（ダブった）字には×印、ダブらなかった字には○印をつけます。

みんなで
見せ合って
同じ字には
×印を
ひとつも×の
ない人いますか？
オール
×だよ
林 松
梅 村
いねーよ
では本番！
第2回戦
行きま〜す
エッ？
松 村
樹 林

● 最初の1回は抜き打ちでやりましょう。簡単な漢字が出つくしたあとがこのゲームのクライマックスです。
● 2回戦目からは、画数の多い漢字がねらい目。
● 優勝した人を「漢字博士」として表彰してあげましょう。

サインペン（人数分）

厚口の紙（人数×回数分）

先に**4つ書き**抜けた人の勝ち

3 このゲームは、ほかの人が思いつかない漢字4字を先に書いた人が勝ちとなります。2回戦目には、同じテーマでまだ登場していない4字を書きます。（制限時間3分）

2回戦 4字 GO!

なんだ 最初から そう言ってくれよ

なに 人の 知らない字?

あれ〜

4 再びみんなで答え合わせをします。だれともダブらずに合計4つ書けた人は抜けていきます。残った人たちで3回戦。4回戦でゲームを打ち切ります。テーマをほかの部首（さんずいやごんべんなど）にして始めます。

アー また 3つダメ

もう ないヨ!

やった〜 イチヌケ!

優勝!

あと2つ

出題＆解答例 ▶

【さんずい】
泣、汗、港、混、湖、治、済、汁、渋、沿、活、海、河、沖、温、決、渇、減、溝、浩 など

【ごんべん】
話、計、語、許、詩、誇、証、詳、諸、説、設、診、託、誰、談、読、評、論、試、識 など

→ そのほかの出題漢字はP189の「出題＆解答のヒント」を参照。

続けてやると楽しい 漢字博士 ➡ 魚へんクイズ（P144）➡ 穴あき単語（P148）

単純だけど盛り上がる
魚へんクイズ

うんちくもわかって
ためになります

回転寿司の湯のみでおなじみの魚へん読解クイズ。子どもに聞かれて
困ったお父さんもいるのでは？　教養が試されます。

人数
3〜15人

場所
室内

時間
20〜30分

1　右下にある魚へんの表を拡大コピーして線に沿って切り、魚へん
カードを作ります。読み方の部分には切り込みを入れ、折り目をつ
けて、見えないようにしておきます。

2　参加者にカードを見せ、読み方を聞きます。わからないときはその
魚に関するヒントを与えます。最後は折り返した部分を見せて、漢
字の意味など、うんちくを話しましょう。

Point

● 漢字に魚の種類や特徴があらわれていて、うんちくとして楽しめます。

● 途中、魚ではない「鮑」「鮨」などをまじえ、「鮨＝魚が旨い」とウンチクを話します。

● 「魚へん」のほかにも「虫へん」「鳥へん」でもできますが、難しいので、大人や高齢者向けです。

↗ 「虫へん」「鳥へん」の解答例はP189の「出題&解答のヒント」を参照。

用意するもの

魚へんカード

③ 番外編で魚へんがつく魚類ではない字、鰐（わに）、鯨（くじら）などもヒントを出して紹介します。参加者によっては難しい字はパスしましょう。また、魚へんに適当な字をつけて、オリジナルの漢字作りもおすすめです。

出題例 ▶ 魚へんのつく漢字

（初・中級）	魚 さかな	鮎 あゆ	鰻 うなぎ	鮒 ふな	鯉 こい	鮫 さめ	鮭 さけ	鱒 ます	鯖 さば
	鯛 たい	鮪 まぐろ	鮃 ひらめ	鰺 あじ	鰹 かつお	鰆 さわら	鱈 たら	鱚 きす	鰯 いわし
（上級）	鯔 ぼら	鰌 どじょう	鰈 かれい	鱸 すずき	鰍 かじか	鰊 にしん	鱧 はも	鱵 さより	鯰 なまず
	鱩 はたはた	鰤 ぶり	鯒 こち	鮠 はや	𩸽 ほっけ	鮖 かじか	鱶 ふか	鯥 むつ	鯏 あさり
（番外）	鰐 わに	鮑 あわび	鯨 くじら	鮹 たこ	鮨 すし	鯱 しゃち	鱗 うろこ	鰑 するめ	鯑 かずのこ

続けてやると楽しい 魚へんクイズ ➡ 漢字テスト初級（P146）➡ ボキャブラ・チェック（P149） **145**

漢字力が試される熟語探し

漢字テスト初級

音と訓の両方で考えよう！

1つの漢字からどれだけ熟語を探し出せるかテストします。いちばん多く出せた人が優勝。漢字検定受験のつもりでチャレンジしよう。

人数
4〜10人

場所
室内

時間
30〜40分

リーダーは紙に漢字1字を大きく書きます。ほかのみんなは、その漢字が前後につく2字熟語を考え出しましょう。制限時間（3分）内にたくさん書いた人の勝ちです。

水のつく熟語を書いてくださ〜い

水

制限時間は3分

ジュクゴ？

ヤバイわ。。。

漢字は超得意だもんね

1字1点 間違いは－1点

2問目は「生」。続いて「火」「木」「文」などに挑戦

水色、水鏡、水着、水草、水車、水道、水気、水芸、水心、水田、水先、水玉、水鳥、水煮、水腹、水引、水辺、水没、水虫、水屋、水物、水圧、水牛、水軍、水源、水彩、水晶、水上、水深、水星、水洗、水素、水中、水滴、水産、水筒、水夫、水爆、水平、水門、水曜、水流、水冷、満水、冠水、治水、放水、汚水、清水、山水、止水、浸水、進水、配水、噴水、名水、用水　など

アレンジ

木（きへん）、艹（くさかんむり）などの部首だけ出題して漢字を作ってもらうクイズもおすすめ（P142「漢字博士」を参照）。

用意するもの

厚口の紙（人数分）　サインペン（人数分）

国語辞典

続けてやると楽しい 漢字テスト初級 ➡ 穴あき単語（P148）➡ 魚鳥木（P147）

もの知りクイズの原点
魚鳥木
（ぎょ ちょう もく）

あせると
ますます
出てこない！

丸くなって座り、リーダーに指名された人は「魚」「鳥」「木」どれかの名前を1つ答えます。とっさに言われると出てこないもの。

リーダーが「魚鳥木、申すか申すか」（または「申すか申さぬか」）と言ったらみんなは「申す申す」と言ってゲーム開始です。リーダーはだれかを指し「魚」「鳥」「木」のどれかを指定します。指名された人は「魚」＝魚の名前、「鳥」＝鳥の名前、「木」＝木の名前を1つ答えます。制限時間は5秒、答えにつまったり、一度出た名前を答えた人はアウトです。

人数
5
〜
10
人

場所
室内

時間
20
〜
30
分

アレンジ 「魚鳥木」のかわりに「和洋中」として料理の名前を答えてもOK（P154「アラーム爆弾＋和洋中」参照）。

↗ 魚・鳥・木の名前の解答例はP189の「出題＆解答のヒント」を参照。

続けてやると楽しい 魚鳥木 ➡ アラーム爆弾＋和洋中（P154）➡ 鏡文字チャレンジ！（P150） **147**

穴を埋めるとスッキリ

穴あき単語

答えがいっぱい
あるから
楽しめるよ！

虫が食ったような穴のあいた単語に、文字を入れて単語をどんどん作ろう。子どももシニアもできる脳トレです。

人数
4〜30人

場所
室内

時間
20〜30分

1 リーダーは穴あき単語を書きます。
〇の中には何文字入ってもOKです。

2 参加人数が5人以下のときは手をあげて答えます。6人以上のときは2チームに分かれて交互に答え、答えがたくさん出た人やチームの勝ちとなります。

出題例

〇ウ〇ウ	〇ムシ	〇ュウ〇ウ	オ〇ン	〇ンコ	〇ンパ	〇イ〇イ
〇ウ〇イ	〇キン	〇ュウ〇ン	シ〇ン	〇ンス	〇ンマ	〇ン〇ン
〇ウ〇ク	〇コウ	〇ョウ〇イ	ミ〇ン	〇ンチ	〇カン	〇イ〇ウ
〇ウ〇ン	〇ドウ	〇ョウ〇ウ	ヤ〇ン	〇ント	〇ンポ	〇ン〇リ

Can you speak English?
ボキャブラ・チェック

与えられたお題を英語で説明し、みんなに当ててもらいましょう。英語が苦手な人でも知っている英単語を総動員して臨めば大丈夫？

リーダーはお題を1つ紙に書き、解答者を1人選んで、お題を見せます。解答者は両手を後ろに組んで英語でお題を説明し、みんなに当ててもらいます。ただし、お題そのものを英語で言うorジェスチャーは禁止。

人数 5〜10人

場所 室内

時間 20〜30分

お題例

聖徳太子、宮本武蔵、黒澤明などの有名人。
富士山、摩周湖、京都、奈良、沖縄などの地理名。
自転車、電車、自動車などの乗り物。
ウサギ、ネズミ、ウシ、ウマなどの動物。
リンゴ、モモ、ミカン、パパイヤなどの果物。
カレー、牛丼、スパゲティなどの食べ物。
ドラッグストア、レストラン、喫茶店などのお店。

用意するもの

スケッチブックor厚口の紙

サインペン

続けてやると楽しい ボキャブラ・チェック ➡ NGしりとり（P156）➡ 漢字博士（P142）

鏡文字チャレンジ！

左右反転した文字で遊ぼう

書くのが難しい！

文字を左右反転させた文字＝鏡文字を書いたり読んだりしてみましょう。
脳ミソがビンビン刺激されます！

人数 4〜10人

鏡文字を書いてみよう

① 文字を左右に反転させた鏡文字を書くゲームです。まずは練習として、自分の住所と名前を、たてに鏡文字で書いてみます。

今日は鏡文字を書いてみましょう

エート

鳥取県

東京 同じだわ

神奈川 難しい

大きく書いてネ

書き直しはNGです

場所 室内

時間 20〜30分

② さて、本番です。クイズ形式で、単語を1問につき1分で書くことにチャレンジ。問題は漢字入りの問題と平仮名の問題の、各5問ずつ。最後の答え合わせが楽しみです。

制限時間は1分です

梅ぼし

？

えーと

広島さん これは？

ワッハハハ

きりんです

きりん

裏返してライトを当てて、答え合わせをします。

● 鏡文字をすぐに書いたり読んだりできないのは、記憶された文字情報を脳の中で整理し直すのに時間がかかるためです。「脳トレ」に最高です。
● 問題を作るときは左右対称な文字は×です。
● 漢字と平仮名をまぜたり、平仮名ばかりの問題を用意すると、難しくなります。

用意するもの

紙（A4ぐらい）
鉛筆　太いサインペン
ライト

出題例
- 【漢字問題】　好奇心、生意気、冬眠、刺身、飛行機、記念、切手、表情
- 【平仮名問題】みかん、はなび、さいふ、おかめ、ほたる、げんき、らくだ
- 【混合問題】　梅ぼし、さくら餅、渋がき、神さま、お世話、くつ箱

鏡文字を読んでみよう

1 前もって下のような鏡文字を書いた紙を20枚用意しておき、1枚ずつ見せます。答えは早い者勝ち。

鏡文字の書き方

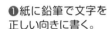

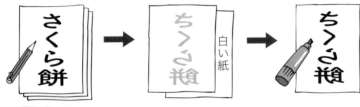

❶紙に鉛筆で文字を正しい向きに書く。

❷白い紙の上に、裏返して置くと文字が透けて見える。

❸透けて見える文字を裏からサインペンで清書。

2 答えは裏返して見せればOK。はじめはたて書きを、慣れてきたら横書きにチャレンジしてみましょう。

英単語や横文字にもチャレンジ！

続けてやると楽しい 鏡文字チャレンジ ➡ NGしりとり（P156）➡ 4つのヒント（P170）

ピッタリはかるのって難しい

30cmと1分間

自分の感覚が試される！

30cmと1分間。それぞれ自分のカンだけをたよりに、はかります。いちばん近かった人の勝ち。だれのカンがいちばん鋭いかな？

人数
6〜20人

場所
室内

時間
20〜30分

30cmゲーム

1 参加者全員に1m前後に切った紙テープを配ります。リーダーは「1分間で30cmに切ってください」と言い、「スタート」の合図で開始します。

紙テープを30センチにしてね

2 1分たったら「ストップ」をかけます。みんなのテープをメジャーではかり、30cmにいちばん近い人の勝ちです。

だれが一番か…

29センチで

ショウ君が優勝！

パチパチパチパチ

イェー

● 30cmゲーム、１分間ゲームいずれも、２回で終了します。何回もやりすぎると、当てられるようになってきます。みんなが当てられず、盛り上がっているうちにゲームを終わらせましょう。

● このゲームは、事前に練習をしないのがポイント。ぶっつけ本番で始めたほうが盛り上がります。

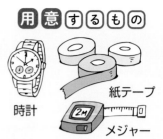

用意するもの

時計　　紙テープ　　メジャー

1分間ゲーム

1 全員で目を閉じて、リーダーの「よーいスタート」の合図とともに、参加者は心の中で１分間を数えます。数えるとき、声を出すのはNG。参加者は１分たったと思ったら手をあげます。

1 2 3 …

よ〜い
ハイ!

2 リーダーは時計で手があがる瞬間をチェックしておきましょう。

3 １分間にいちばん近いところで手をあげた人を発表します。

ハカセ君
ピタリ賞

ヤッタ〜!!

続けてやると楽しい 30cmと1分間 ➡ 穴あき単語（P148）➡ 10品記憶力（P140）

153

アラームセットでスリル倍増！

アラーム爆弾＋和洋中

動画が見れる！

※動画の詳細はP10

「和洋中ゲーム」が超盛り上がるアイデアをプラス。音量MAX＋バイブレーター機能をONにして、アラームをセットしたスマホを回します。

人数
5〜10人

場所
室内・屋外

時間
20〜30分

1 リーダーは「『和洋中ゲーム』をやります。今回はゲームにスリルとスピード感をプラスする『アラーム爆弾』をセットします」と宣言。

2 リーダーは続けて、「和洋中ゲームは、和洋中の料理メニューのどれかを1つ答え、そのあとに『和』『洋』『中』いずれかのテーマを次の人にふります。 次の人はテーマに合う料理名を答え、また次の人にテーマをふることをくり返します」と説明します。（P147参照）

スマホは帽子の中に入れる

しりとり、連想ゲーム、山手線ゲーム、魚鳥木などの連想系ゲームにハラハラ・ドキドキ感がプラスされるよ

チッ チッ チッ チッ

3 まずはアラーム爆弾なしで練習します。スタートはリーダーが「和」「洋」「中」いずれかのテーマを最初の人にふります。

和洋中ゲーム 和洋中の **中**

チャーハン パンパンパン

和 パンパンパン

おにぎり パンパンパン

洋 え？ パンパンパン

よ、ヨーカン

ブブーッ

答えにつまったらアウト！

● スマホは落としたときの破損防止に、布の帽子やキャップに入れて回すと安心。
● アラーム音として、スマホにダウンロードした曲が鳴るようにするとさらに楽しい！（おすすめ曲はイントロなしで始まる曲・下記囲み参照）
● ゲームごとに、タイマーの設定を1分、1分30秒、40秒などと変えます。リーダーは「次は1分！」などと宣言してスタートするのもおもしろい！

スマートフォン　布の帽子やキャップ

4 ゲーム本番です。リーダーは「和洋中ゲーム、スマホアラームスイッチON！」と言ってセットし、「和！」などのテーマを宣言し、全員で「パンパン」と2回拍手をしてスタート。答えられなかった人は罰ゲームです。

♪イントロなしで始まるおすすめ曲

♪Can You Keep A Secret?（宇多田ヒカル）
♪ORION（中島美嘉）
♪POP STAR（平井 堅）
♪超特急（ゆず）
♪いっそセレナーデ（井上陽水）
♪夢の外へ（星野 源）
♪ウォンテッド（ピンク・レディー）
♪EVERYBODY DANCE NOW（C&C MUSIC FACTORY）
♪We Built This City（スターシップ）
♪Mr.Moonlight、Hey Jude、Help、No Reply（ビートルズ）
♪Mother（ジョン・レノン）

解答例 ▶ 和洋中のメニュー

【和食】＊惣菜や和食食材もOK。
すき焼き、しゃぶしゃぶ、そば、うどん、牛丼、親子丼、カツ丼、天丼、ざるそば、おにぎり、にぎりずし、巻きずし、ちらしずし、納豆、おから… など

【洋食】＊中国・韓国・タイ料理を除く外国料理がOK。
オムライス、ハンバーグ、ステーキ、カレーライス、ハヤシライス、コロッケ、ピザ、パスタ、サラダ、グラタン、ピラフ、パエリア、ロールキャベツ… など

【中華料理】＊韓国・タイ料理、中華食材もOK。
チャーハン、タンメン、ピータン、酢豚、チンジャオロース、エビチリ、麻婆豆腐、麻婆茄子、ビーフン炒め、シュウマイ、餃子、担々麺、ワンタン麺… など

⤴ メニューの解答例は、P189の「出題&解答のヒント」も参照。

よく出る言葉がNGワードなんてあり？
NGしりとり

パス2回まで
いいかなぁ？

しりとりには必ずといっていいほど出てくる言葉があります。これをNGワードにしたらさあ大変。頭を使うちょっと高度なしりとりです。

人数
2
〜
8
人

場所
どこ
でも

時間
15
〜
30
分

なぜか突然始まるしりとり……

では 動物で
サイ

イノシシ

シマウマ

マントヒヒ

ヒ？
ヒー
ヒー

BUS

リーダーは「動物」「人の名前」「地名」「駅名」「乗り物」などテーマを決めましょう。さらに、しりとりの中で言ってはいけないNGワードも決め、みんなの前で発表します。みんなでしりとりを始め、「ん」で終わる言葉や、うっかりNGワードを言ってしまった人は罰ゲームです。

テーマは「地名」
NGワードは
松島

んじゃ オレ
の故郷の
岡山

町田

「だ」は「た」でも
OKね
高山

ま
松山

ま

また
「ま」かよ
この…

エー…ッ

 続けてやると楽しい NGしりとり ➡ アラーム爆弾（P154）➡ ニンジン・ハクサイ・ダイコン（P178）

目と手と頭がフル回転
あと出しじゃんけん

リーダーの出した手に、あと出しで負ければいいだけなのに、テンポが速くなると難しい。とっさの判断力が勝負！

① はじめは、リーダーが「じゃんけんポン」と言って手を出し、みんなはあと出しでそれと同じ手を出します。慣れてきたら、次はリーダーの出した手に勝つ手を、あと出しで出します。それにも慣れたら本番スタート。

あと出し じゃんけんを しよう
最初は ボクのマネして
同じのを 出してね

じゃんけんポン

「同じ」と「勝ち」は
盛り上げるための練習です

ポン

② 本番はリーダーの出した手に負けなければいけません。つい勝ってしまった人はアウト。

③ 最後は、反対の手でトライして終了します。

さあ これからが本番だよ
今度はボクに負けてね
最後まで 負けた人の
勝ちだよ！

じゃんけ〜ん

ポン

ポン

思ってたより
むずかしい

だんだん
速くなるヨ

あれっ

アッ

あっ

じゃんけん有名人

芸能人オタク＆テレビっ子の勝ち

ミーハーが
バレちゃう
かも!?

じゃんけんをして、有名人の名前を答えましょう。いかにたくさん映画やテレビを見て、有名人の名前を覚えているかが試されます。

人数
2人

場所
どこでも

時間
20〜30分

① ペアになり、じゃんけんをします。勝ったほうが50音（あいうえお〜わ）のうちのどれか1文字を指定します。負けたほうは、その文字から始まる有名人の名前を答えます。

② テンポよく、じゃんけん→1文字→有名人→じゃんけん……とくり返しましょう。パスは2回まで。3回答えられなかった人、答えにつまった人はアウトです。

外国人の名前はフルネームでなくてもOKです。
例：チャップリン、マドンナ、メッシ、ボルト、ヘミングウェイ、ガンジー、ナイチンゲール、ナポレオン　など

ビートルズも
ミスチルも
OK!

Point

- このゲームはリズムとタイミングが肝心です。テンポよく受け答えができるためには、事前にほかの「じゃんけんゲーム（欄外参照）」をやっておくといいでしょう。
- 高齢者は、下記を参考にして、思い出すまでゆっくりやりましょう。
- 「ば」「ば」は「は」でもOKです。
- バスの中では隣の席の人と遊びましょう。

アレンジ 中高年は…

有名人の名前を思い出すのに時間のかかる中高年は、「え～と」などと言って時間をかけてもOK。名前がなかなか出てこないときは、「あの大河ドラマに出ていた人だよ」など、相手もわかりやすいヒントを出してあげるといいでしょう。

アレンジ
有名人はダメよ

このゲームは、逆に有名人の名前を答えてはいけません。じゃんけんに勝ったほうは、「木村」など有名人にありそうな名字を指定します。負けた人は、有名人の名前にならないように、下の名前を答えましょう。もし、「拓哉」「太郎」など有名人の名前になってしまったらアウトです。

続けてやると楽しい あと出し（P157）➡ グリーンピース（P70）➡ じゃんけん有名人

芭蕉も一茶もびっくり！

つぎはぎ名句会

旬な言葉を
入れるのもOK

俳句のように五、七、五のリズムに合わせて言葉を作っていきます。つなぎ合わせるとあら不思議、驚きの名句が誕生します。

人数
6〜30人

場所
室内

時間
30〜40分

1　リーダーを決めたら、みんなは3人1組のチームを作ります。短冊状に切った紙を1人10枚（1チーム30枚）配布します。

短冊
1人
10枚

2　チームのメンバーはそれぞれ上の句（五）、中の句（七）、下の句（五）の担当を決め、自分の担当部分の句を作ります（目安は10分）。できたらチームごとに上・中・下の句に分けてリーダーに渡します。

上の句

風さそう　金もうけ
牛乳の　夕ぐれに
赤パンツ　オバさんは

中の句

今日も隠れて　汗をふきふき
明日はきっと　今年の夏も
犬の顔みて　テレビ見ながら

下の句

笑えそうな
オチも…

なんまいだ〜　思い出す
酒を呑む　初もうで
イモを食う　赤ちょうちん
赤ちょうちん　大当たり

名句会

回収
します

Aチーム
上　中　下

Bチーム
上　中　下

Point

● 歌謡曲の一節を入れたり、みんなが思わず笑ってしまうような流行の言葉を入れるとウケます。

● 「柿くえば 鐘がなるなり 法隆寺」、「古池や 蛙とびこむ 水の音」などの名句をばらして入れるとおもしろくなります。

● ボツにされた句もバラバラにして、ほかの句と入れ替えると名句になることも。

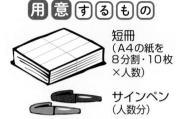

用意するもの

短冊
（A4の紙を
8分割・10枚
×人数）

サインペン
（人数分）

3 リーダーはチームごとに上・中・下の句をランダムに合わせ、俳句とし読みあげます。合評は全員で行います。評判の良かった句は貼り出して、さらにその中から全員で名句を選びます。

赤パンツ テレビ見ながら イモを食う

4 貼り出した句を最後に全員で読みあげます。そのあとみんなで、「おもしろいで賞」、「捨てがたいで賞」などの賞を選定します。

| 風さそう 今日もかくれて 赤ちょうちん | 朝の風 今年の夏も 大当たり | 赤パンツ テレビ見ながら イモを食う | 金もうけ 明日はきっと なんまいだ― | 夕ぐれに 汗をかきかき 初もうで |

続けてやると楽しい 名句会 → 漢字テスト初級（P146）→ オンリーワンはどれ？（P168）

めくったカードから連想しよう
連想カード

こじつけも
楽しいニャン

お題から連想できるものを、引いたカードの頭文字を使って答えます。
連想イメージをフル回転させて勝利を目指そう！

人数 4〜8人

場所 室内

時間 20〜30分

① 円形に座り、真ん中に「あいうえおカード」を裏返してバラまきます。

② リーダーがお題を出したら、順番にカードをめくり、お題から連想できる言葉を答えます。必要ならば「その理由」を言いましょう。言葉につまった人はアウトです。1〜2周したら次の「お題」へ。

用意するもの

あいうえおカード

Point チーム対抗戦にするとさらに盛り上がります。交互に行い、負けた人は抜けていきます。最後に多く残ったチームが勝ち。

お題例 ▶ お正月、春、夏、秋、冬、動物園、オリンピック、プロ野球、鉄道　など

 続けてやると楽しい　連想カード ➡ あるある商店街（P128）➡ カード物語（P38）

Part 6

想像力をきたえる

心理戦
ゲーム

相手の行動や言葉から答えを当てるゲーム。
解答者には想像力やユーモアが、
出題者には演技力やオトボケ力が必要？
どちらの側も楽しめるよ！

コインを持った嘘つきを当てろ
コインダウト！

オトボケの
演技上手が
勝利に貢献

コインを次々に渡していくリレー。途中で、さもコインを渡すフリをして、最後までリレーを続けましょう。全員の演技力がゲームの要です。

人数
10〜30人

場所
室内・屋外

時間
20〜30分

1 5人以上のチームを作り、それぞれのチームが一列に並んで向かい合います。先頭の人がコインを持ち、それぞれ相手チームに見せましょう。

コレで〜す

2 チームの代表者がじゃんけんをして、先攻・後攻を決めます。

3 「よーいドン」の合図とともに、先頭の人から順に、相手チームに見えないようコインを渡していきます。

最初はグー
じゃんけん ポン
先攻
よ〜いドン
じ〜
では
よろしく
はい
確かに
もぞ
もぞ

164

Point

● コインは外国のものやおもちゃがおすすめ。日本のコインだと、ほかのものとすりかえられてしまうかも。
● 外国のコインがないときは、ビー玉やおはじきなどでもいいでしょう。
● 前もって、チーム内でだれがコインを隠し持つかを決めておくとスムーズに進行します。

コイン
（ビー玉やおはじきでもOK）

4 途中でだれかがコインを渡したフリをして、自分の手元にコインを持っておきます。最後の人までコインが渡り（フリ）終わったら、最後の人は手をあげます。

5 相手チームはだれがコインを持っているのかを当てましょう。早く当てたチームの勝利です。

続けてやると楽しい コインダウト！ ➡ 漢字博士（P142） ➡ オンリーワンはどれ？（P168）

絶対民主主義。数の多いほうが勝ち

これが常識

意外な「常識」がわかっておもしろい！

いちばん多く出た答えが「常識」に。自分の常識がみんなの非常識になることも。みんなに合わせるか、マイペースでいくか……。

人数
4〜20人

場所
室内

時間
10〜20分

「〜といえば、コレしかない！」というものを書いてください

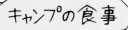
キャンプの食事

① リーダーは「お題」を発表します。その「お題」から想像する言葉をみんなに書いてもらいます。

参加者が10人までは全員で、それ以上のときは1組5〜6人のチーム対抗戦にします。

昔は…

あれだ

どっちかな〜？

やだ、行ったことない

② 全員が答えを書いたら、いっせいに見せます。その中で、いちばん多かった答えが「常識」になります。「常識」を答えた人は10点獲得となります。

せーの、ドン！

やっぱコレ

カレー

そっちか？

当ったり〜

バーベキュー

カレーライス

焼きそば

カレーライス

Point

● 問題は選択肢の多いものを選びましょう。簡単なものから始め、どんどん難しくしていくといいでしょう。

● 料理編、有名人編など、出題を分野別に作るのもおもしろい。

● 最高得点の人を「常識のかたまり」として、みんなでほめたたえてあげましょう。

用意するもの

紙（人数分×ゲームの回数）

サインペン（人数分）

③ 一般的な問題は正解率が高くなるので、慣れてきたら、問題をわざと個人の主観が色濃く出るものにしてみましょう。

では その「カレーに入れる肉」 といえば"

せーの ドン

私も参加

チキン

同点のときは…

日本初のカレーは チキンだったのよ

豚

ビーフ

チキン

オレはビーフが好き

ビーフ

やっぱりチキンでしょ

トリ

「常識のかたまり」はミワさんに決定しました～！

ウッソ～

パチパチパチ

パチパチパチ

お題例

一般的
● 旅館の朝食
● スキヤキの具　● 夏野菜
● 卵の料理　● 焼き魚
● 運動会の競技
● 東京ディズニーランド

主観的
● 美人女優　● イケメン俳優
● うまいラーメンの味
● お笑いでおもしろい人
● アジアでおすすめの国
● 五輪で見たい種目

続けてやると楽しい これが常識 ➡ 4つのヒント（P170）➡ にぎにぎ電流（P28）

ほかと違う特徴を探し出そう

オンリーワンはどれ？

出題された4つの言葉中に1つだけ仲間はずれがあります。それを見つけて、もっともな理由をつけて答えましょう。理屈っぽい人が有利かも。

人数
4〜20人

場所
室内

時間
20〜30分

1 個人戦、または3〜4人のチームに分かれて行いましょう。

2 リーダーは4つの言葉を書いた紙を見せ、みんなはその中から1つだけ仲間はずれを見つけます。さらにその理由を答えて。

4つの言葉

> イギリス
> フランス
> イタリア
> スイス

この中で オンリーワン！
他と違うのは どれでしょう？

イギリスです
理由は 島国だから

なるほど！

ハイ

ハイ

イギリス
フランス
イタリア
スイス

10点

Oh! パチパチ

イタリアです
他はみんな スがつきます
10点

スイス
海に面してない国
10点

Oh! もっともらしい！
パチパチパチ

● 出題する4つの言葉は、参加者が思わず考えこんでしまうような、似かよった言葉、類似アイテムから選びましょう。
● リーダーに「う〜、参りました！」と言わせるような、もっともらしい理由を言えば、ボーナスポイントを加算してもおもしろいでしょう。

用意 する も の

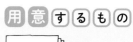

イギリス
フランス
イタリア
スイス
問題
（10〜15問）

ほかに

フランスです

犬のフンが一番タダいから

0点

ブブ

いちばん拍手のタタかった人に +20点

3 もっともな理由をつけた人には正解として10点与えます。さらに、その答えにみんなの賛同を多く得られた人には拍手をして10点をプラス。あっと驚くような理由をつけた人にはボーナスで30点などのルールもいいでしょう。イマイチな理由には0点！

さて オンリーワンは？

自転車
スクーター
自動車
電車

自転車 人力だから

スクーター これだけカタカナ

自動車 ハンドルが丸い

電車 レールを走る

出題例

イチゴ、ミカン、リンゴ、ブドウ（イチゴ／種が外）（ミカン／房）
パンツ、シャツ、スカート、クツ（シャツ／着る）（スカート／ツがない）
イヌ、ネコ、ウサギ、ネズミ（ネコ／十二支外）
牛丼、豚丼、親子丼、天丼（親子／卵とじ）（天丼／海産物）
雨、風、雪、雲（雲／警報がない）（風／雨の字が入っていない）
コーラ、コーヒー、紅茶、緑茶（コーラ／炭酸）

得点の多い人（4-4）が勝ち！

4つのヒント

ひらめくのが早いほど高得点ゲット

ヒントを出す順番もポイント！

「あるもの」とはいったい何か？　4つのヒントから導き出しましょう。早く当てるほど高得点に。ひらめきの天才はだーれ？

人数 6〜20人

場所 室内

時間 20〜30分

1 チーム対抗戦です。各チーム（1チーム3〜4人）はまず「答え」を決め、そこから連想できるヒントを4つ考えて、1枚ずつ紙に書き出します。

各チーム10問作ってください

ごはん

1問につき紙は5枚必要

まず答えを決めてからヒントを作るんだね

ヒソヒソ

答え **ごはん**

ヒント
1 おかか
2 悟空
3 栗
4 卵かけ

答え **ロッテ**

ヒント
1 プロ野球
2 ホカロン
3 コアラ
4 ガム

答えが「アップル」のとき「りんご」のヒントは、和訳になるのでNGです

答え **ラーメン**

ヒント
1 塩
2 街道
3 行列
4 とんこつ

答え **松尾芭蕉**

ヒント
1 セミ
2 天の川
3 松島
4 奥の細道

答え **アップル**

ヒント
1 ビートルズ
2 ニュートン
3 ピコ太郎
4 りんご✕→青森

出題例 ▶

（話、紙、運転、袋）→手　（紙、古、配達、朝日）→新聞
（乱、白、梅、日本）→酒　（下、半、長、振り）→袖
（菓子、筆、玉手、下駄）→箱
（ガス、石、田、てんぷら）→油
（うし、串、土用、うなぎ）→かばやき
（素、スキ、カレー、手打ち）→うどん
（牛乳、豆、ホット、アメリカン）→コーヒー

用意するもの

紙
（5枚×10問×
チームの数）

サインペン
（チームの数）

② 相手チームにヒントの紙を1枚ずつ見せていきます。1枚目で答え
を言い当てたら4点、以後2枚目→3点、3枚目→2点、4枚目
→1点、答えられない→0点と得点が減っていきます。数回くり返し、
得点の多いチームが優勝です。

答えが出ないと盛り上がりません。カードを出す順番を考え、第4ヒン
トで確実に答えが出るように工夫を。勝ち負けよりも盛り上がりが大切。

続けてやると楽しい 4つのヒント ➡ オンリーワンはどれ？（P168）➡ これが常識（P166）　171

黒幕はだれだ？

みんなをあやつる「黒幕」を探せ

ワシが
フィクサー
だニャ〜

メンバー全員が同じポーズをしてあなたを惑わす。みんなをあやつっている陰の支配者はだれだ？　注意深く観察して、「黒幕」を暴き出せ！

人数
8〜
20人

場所
室内・屋外

時間
30〜40分

① じゃんけんをして、いちばん負けた人が鬼になります。鬼はその場から一時退室します。残った人でじゃんけんをして、いちばん勝った人が「黒幕」になります。

ハイ
ハイ

オレは
退室かよ

② 鬼以外の人は、「黒幕」がするポーズと同じポーズをしなければいけません。鬼がいない間にみんなでポーズの練習をしましょう。

みんなが すぐ反応できるように、いろんなポーズを練習しておくのがコツ！

コマネチ

それ
2番目ね

足
トントン
トントン

手
ブラ
ブラブラ
ブラ

はずか
すい

ヒッヒッ

Point
- 黒幕の人は、できるだけ鬼の目を盗んでポーズを変えましょう。
- みんなはできるだけ黒幕がだれかバレないように、目線をあちこち動かしてごまかしましょう。
- 黒幕を2人にして、交代にポーズをとると、もっと難しくなります。

3 練習が終わったら、鬼を呼び、鬼を囲むように円をつくります。このときゲームはすでにスタートしています。はじめみんなは、それぞれ好きなポーズをとっていますが、やがて全員「黒幕」と同じポーズになっていきます。「黒幕」は鬼に気づかれないようにポーズを変えていきます。

4 鬼はだれが「黒幕」なのかを当てます。わかったら大きな声で「黒幕はおまえだ！」と指をさしながら叫びます。見破られた「黒幕」が、次の鬼になります。はずれたら、最初に戻って再挑戦。

続けてやると楽しい 黒幕はだれだ？ ➡ ジェスチャー（P176） ➡ コインダウト！（P164）

上手な質問が
答えへの早道

YESとNOだけで「答え」を当てよう
ピッタリカンカン

リーダーが答えるYESかNOのみを頼りに、「答え」が何かを探し当てる
ゲームです。「答え」がしぼられてくると、質問にも気をつかいます。

人数
5〜10人

場所
室内

時間
30〜40分

1 リーダーを決め、あらか
じめ紙に書いた「答え」
を封筒に入れます。リー
ダーはみんなの中央に
座ります。

2 リーダーは封筒を持ち上げ、「この中のものは何でしょう?」とみん
なにクイズを出します。解答者は、リーダーに「それは生き物ですか」
「食べられますか」などの質問をします。リーダーは「YES」か「NO」
のどちらかで質問に答えてください。

Point

● 「YES」か「NO」かで答えられる質問にするのが大事なポイント。
● 範囲が広いと難しいので、この部屋にあるもの、など答えを限定しておくのもいいかも。
● 解答者が8人以上の場合は、チーム戦にします。
● 相手チームが先に「答え」を見つけてしまわないように、質問はできるだけ範囲の大きいものからにしましょう。（例：「それは生き物ですか？」→「それは食べられますか？」など）

用意するもの

封筒　　「答え」を書いた紙

③ 質問をくり返し、早く「答え」を当てた人（チーム）の勝ちです。

アレンジ

パネルde カンカン

質問を7回、10回などに限定し、あとは推測だけで「答え」をパネルに書いて発表してもらいます。見事、正解なら「パネルdeカンカン！」。みんなで拍手しましょう。正解が出ないときは、ヒントをあげてもOK。

※書いたり消したりできる「お絵かきボード」だと便利。

続けてやると楽しい ピッタリカンカン ➡ ジェスチャー（P176）➡ フルーツバスケット（P108）

あてっこジェスチャー

俳優気分で演じよう

与えられたお題をジェスチャーだけで表現します。同じチームの人が早く答えられるよう、できるだけわかりやすいポーズを演じてみて。

人数
6〜10人

場所
室内・屋外

時間
30〜40分

① 司会者はジェスチャーして盛り上がりそうな問題を考え、紙に書いて用意しておきます。

> 川に落ちた子ゾウをハナで助ける親ゾウ

> バナナの皮がなかなかむけないゴリラ

> 寒くて小屋から出られない大型犬

> 買い物に出かけて財布を忘れたサザエさん

> 仏壇のお供えを食べてしまった大仏さま

> パンダが生まれてお客が増えた動物園

② 参加者を2つのチームに分け、それぞれジェスチャーをする順番を決めておきます。じゃんけんで先攻、後攻を決め、司会者は先攻チームのリーダーに「問題」を見せます。司会者の「スタート」で、先攻チームのリーダーはジェスチャーを始めます。

これ

声を出しちゃダメだよ

ハハハ

うまいうまい

Bチーム（後攻）

チャウチャウ

ブラブラ

Aチーム（先攻）

ゾウさんガー

母親ね大きなゾウ

Point

● 「お題」は、はじめは「キリン」「パンダ」「バナナ」などの簡単なものに。慣れるに従って「水あびをするゾウ」「チョコバナナ」などの難しいものにしていくといいでしょう。

● 簡単な問題の制限時間は1分。複雑になるに従って3〜5分と調整します。

● みんなが知っている有名人（志村けんやピコ太郎など）をお題に入れると、モノマネになっておもしろくなります。

用意するもの

問題を書く紙

時計

サインペン

③ チームの人たちはそれぞれのジェスチャーごとに、答えを口々に叫び、正解に近づいていきます。司会者は時間になったら「ストップ」をかけます。最後は「正解の発表」として、リーダーは通しでジェスチャーを見せながら、チームの人の答えをまとめ上げます。発表が終わったところで、司会者は正解を読み上げます。

声を出したり返事するのは反則！

なんだっけ

川に落ちた小ゾウを鼻で

鼻で引っぱるのか

小さなゾウね

母親ガー

ジェスチャーは、「川に」「落ちた」「子どもの」「ゾウを」「鼻で」「助ける」といったように、小出しに行います。

便利な「て、に、を、は」ジェスチャー

〜で	〜に	〜を	〜は	〜の	〜と
手をさわる	2のサイン	尾のまね	両手で輪	のどをさわる	両手で10

続けてやると楽しいジェスチャー ➡ コインダウト！（P164）➡ 黒幕はだれだ？（P172）

見破れるかな？ 秘密の合図
ニンジン・ハクサイ・ダイコン

野菜のイラストを示して「これな〜んだ？」。答えは簡単だけど、あれれ、みんなと答えが違ってる!?　いったいどうして？

人数
4〜8人

場所
室内

時間
30〜40分

1 リーダーの質問の言葉尻で、野菜の名前が決まる言葉遊びゲームです。はじめはイラストどおりの聞き方で、ニンジンのときは「これな〜に？」と聞いて、ひととおり紹介しましょう。

これな〜に？

正解！

ニンジン、ハクサイ、ダイコンのイラスト

質問と解答の法則
「これはなに？」→ニンジン
「これは？」→ハクサイ
「これな〜んだ？」→ダイコン

ではこれはな〜んだ

せ〜の

ニンジンでしょ？

ダイコン!!

向きを変えて

2 そのあと、ニンジンの絵を見せながら「これな〜んだ？」などと質問。法則がわかるよう、わざと語尾を強調するのもOK。

まわりにあるいろんな物をさして質問すると盛り上がるニャン！

Point

● だれかがトイレなどで席をはずしている間に、残った仲間で「秘密の合図」を打ち合わせします。
● ほかに「何かね？」で「ネギ」、「わかりますか？」で「かぼちゃ」などのアレンジも。
● 絵を使わず、スマホで野菜の写真を見せると手軽です。

 続けてやると楽しい ニンジン・ハクサイ・ダイコン ➡ 4つのヒント（P170）➡ 連想カード（P162）

罰ゲーム

レクリエーションゲームの締めといえば罰ゲーム。
楽しみながらできるものから、
悲鳴が聞こえてきそうなものまで16種類をご紹介！
下の罰ゲーム4種類も、基本に押さえておこう。

せんたくバサミ

でこピン

アイ〜ン

一発芸

ピシッ

しっぺ

Advice

- 罰ゲームは楽しむのが目的です。やりすぎや無理やりは厳禁です。
- 個人の体調や、その場の雰囲気などを考慮しながら行ってください。
- 食べ物を使う場合、アレルギーやのど詰まりなどに気をつけましょう。

※『罰ゲーマー』とは罰ゲームをする人のこと。本書の造語です。

動画が見れる！

※動画の詳細はP10

おでこビスケット

おでこにのせたビスケットを口まで運んで食べるゲーム。
顔を揺すったり口をモゴモゴ動かしたりする様子がおもしろい！

キツイ度

2人〜数人で「だれが早いか」競争しても
楽しめます。落としたらやり直し。おもし
ろい顔は写メに撮っておこう。

四角いビスケット
で早食い対決も
おすすめニャン！

✕ せんべい類はベタベタに
なるので使わないで！

ロシアン・プチシュー

確率2分の1の罰ゲーム。ワサビ入りのプチシューに当たったら涙ボロ
ボロ鼻ツーン。さあ罰ゲームで運だめし！

キツイ度

確率は
1
2

選んだら
一気に
口の中へ
ね

オレ、運
悪いんだ…

罰ゲーマーが誕生するたびに1人1個プチシュー
を口に入れます。みんなはその顔をじっくりと見
ましょう。

プチシュー（市販品）を用意し、
半分（6個入りなら3個）だけ
に、見えないようワサビやカ
ラシを入れておきます。

鼻ティッシュ

1曲
歌うよ

鼻の穴に丸めたティッシュを詰め、リズムに合わせて足踏みしながら、
自分の好きな歌を1曲歌います。カッコ悪ぅ～～！

イリエくん

ペットボトルをおでこにのせて落とさずに背泳ができるという、オリン
ピックの競泳メダリスト・入江陵介くんにあやかったゲームです！

水の入った紙コップをおでこにのせて、手を
交互に回し、後ろ向きに歩いて会場を一周し
ます。落としたらもう一回やり直し！

【イリエくんレース】
通常のゲームとしてするときには、ペットボト
ルを使用します。ペットボトルをおでこにの
せ、落とさずに早くゴールインした人の勝ち！

免許証拝見

運転免許証の写真って撮るときあっという間で、「え!?」っていう仕上がりもしばしば。人に見せたくない免許証、みんなで拝見しましょう!

キツイ度

運転免許を持っていない人はパスで、別の罰ゲームにチェンジ。運転免許を持っている人なら、かなりの確率で携帯しています。

キス顔拝見

しぐさも交えてね

あなたが大好きな人とキスするときはどんな風?
彼女(彼)と本気でキスするときの顔を見せてください。

キツイ度

人前で恥ずかしいとは思いますが、それが罰ゲームです。ここは一発、ムード満点のキス顔をお願いします。みなさんご静粛に!

変顔3連発!

罰ゲームでおなじみの一発芸。「変顔3連発やりま～す!」と宣言してからスタート。口をとがらせ白目をむいたり舌を出したり……

キツイ度

中途半端はダメ!
やるからには
徹底的に!

お笑いの一発芸や、なつかしのコロッケや志村けんの変顔も! 会社のイベントなら無礼講で、クセのある上司のモノマネも許される!?

くつ下 de 深呼吸

みんなの前でくつ下を脱ぎます。息を全部吐ききり、くつ下を自分の鼻にくっつけて、「イチ・ニノ・サン」で思いっきり深呼吸。

キツイ度

息を全部
吐いて～～

1・2・3
ハイ

吸って～～
ス

フー

くさ～

ストッキングや素足の人は、自分の靴のにおいを嗅ぎます。足のくさい人には厳しいけど、他人ににおいを嗅がれるよりはマシかも!?

おしり文字

おしりを使って自己紹介。腰をクネクネねじりながら、みんなにわかるように文字を描こう。全員で大合唱だ〜！

キツイ度

♪アスカのアの字は どう かくの？

♪アスカのスの字は どう かくの？

カワイ〜♥

♪こーかいて こーかいて こーかいて

ア

くね くね

おしりを使って、自分の名前を空に描きます。文字がひらがなでも漢字でもOK。画数が多いと恥ずかしいかも。

けつ割り風船

ふくらませた風船の上に座り、おしりでつぶします。風船が割れても割れなくても、ハラハラ度満点の罰ゲーム！

キツイ度

グニュ グニュ

キャーッ

適度にふくらませた風船はなかなか割れないので、スリルを楽しめます。パンパンにふくらませると割れやすくなります。

メンズエステ

女子はパス。スネにガムテープを自分で貼って自分で思いっきりはがす！
男子専科で、うっすら涙の痛～い罰ゲーム。

キツイ度

エステは両足実施。ガムテープは15
～20cm。布テープが最強ハード、
紙テープは普通、緑テープは弱めで
すが、ハードのほうが楽かも？

パンストはがし

パンストをかぶったヘンな顔に大爆笑。はぎとるときもご注目！ 罰ゲー
ム最強、キツイ度ナンバーワンかも!?

キツイ度

2 パンストを引っぱってはぎとりま
す。はぎとる瞬間のヘンな顔を見
のがさないように！

1 パンストを用意し、罰ゲーマーにか
ぶせます。かぶったところを撮影す
ると、さらに恥ずかしい。インスタ
映え間違いなし！

ムンクの叫び

ムンクの名作、両手で耳を抑え絶叫する「叫び」を、
体を左右にくねらせながら「ぎゃ〜」と一発！

叫んでください

ムンクの叫び声は？

一発芸ですが1回では終わらせません。「ダメダメ！今のは叫び足りない」「もっと悲しそうに！」とか注文し、最低2回はやってもらいましょう。

もう1回

ブルドッグ

呪文は「たてたて、よこよこ、マル描いてチョン！」強くやりすぎると、負けたときに仕返しされるかも!?

では やらせていただきます

お手やわらかに

勝った人が負けた人のほっぺをしっかりつまみます。

①たてたて
（たてに引っぱります）

②よこよこ
（横に引っぱります）

③マル描いて
（円を描いて引っぱります）

④チョン！
（引っぱりながら離します）

空気椅子

罰ゲーマーは椅子に座り、リーダーは声をかけながら、ゆっくり椅子を抜き取ります。空気の椅子に座って30秒、座った姿勢をキープしてね。

椅子取るよ〜

OK!

わぉ!

30秒！
ガマンする
姿が
美しい！

ぷる
ぷる
ぷる
ぷる

カドカワ文庫

小指で口を横に大きく開き、「カドカワ文庫」と大きな声で3回。「ぶ」は「う」に聞こえるから……!?　子どもが大喜びのゲーム。

リーダーは「カドカワ文庫」と書いたパネルを見せ、「小指で口を横に大きく開いて、これを大きな声で3回読んでください」と言います。パネルは「○○文庫」の3種類を用意。最後はみんなで大合唱！

大きな
声で

カドカワ
○○○

ハァ？

カドカワ
文庫

イワナミ文庫

カバヤの文庫

出題&解答のヒント

ゲームの参考に！

Part 5「頭の体操ゲーム」の出題前にリーダーが
知っておくと心強いヒント集です。

● P136「山手線ゲーム」の解答＆追加問題

山手線の駅名

東京、有楽町、新橋、浜松町、田町、高輪ゲートウェイ、品川、大崎、五反田、目黒、恵比寿、渋谷、原宿、代々木、新宿、新大久保、高田馬場、目白、池袋、大塚、巣鴨、駒込、田端、西日暮里、日暮里、鶯谷、上野、御徒町、秋葉原、神田

大阪環状線の駅名

大阪、天満、桜ノ宮、京橋、大阪城公園、森ノ宮、玉造、鶴橋、桃谷、寺田町、天王寺、新今宮、今宮、芦原橋、大正、弁天町、西九条、野田、福島

● P138「美味しんぼパズル」の追加問題

洋食の名前

コ	オ	ツ	カ
ト	フ	ラ	イ
ス	ル	ム	ケ
キ	ロ	ピ	シ

【解答例】
イカフライ、オムライス、カキフライ、コロッケ、トルコライス、ピロシキ

和食の名前

キ	サ	ラ	テ
ス	ル	ン	ヤ
ミ	シ	バ	ソ
プ	カ	ツ	ピ

【解答例】
かば焼き、きんぴら、刺身、すき焼き、手羽焼き、寿司、天ぷら、からみそば、馬刺し、みそカツ、みそ焼き、みそ汁、焼きソバ

動物の名前

ゴ	カ	キ	ア
ン	シ	ラ	ク
ゾ	ウ	ト	モ
リ	マ	コ	イ

【解答例】
アシカ、アリクイ、牛、馬、キリン、こうもり、コアラ、ゴリラ、鹿、シマウマ、ぞう、トラ

● P142「漢字博士」の解答例＆追加問題

きへん

札、杉、材、村、杯、松、梅、樹、梢、板、析、
枕、林、枚、枝、枠、枯、柊、柏、柑、柘、柚、
柞、柱、柵、柿、栓、校、核、根、格、桁、桂、
桃、桓、桜、検、椿、様、横、檜　など

うかんむり

字、宅、宇、守、安、宋、完、宏、穴、宕、宗、
官、宙、定、宛、宜、実、宝、牢、客、宣、室、
宥、宮、宰、害、宴、宵、家、容、宿、寂、寄、
寅、密、富、寒、察、寝、寧、審、寮　など

にんべん

何、他、体、代、休、件、仁、仲、低、停、伝、
仙、伸、信、伊、住、個、係、位、供、使、似、
借、側、俗、候、作、仕、価、僧、像、保、促、
催、佳、俊、傷、償、侵、依、健　など

くさかんむり

芋、芥、花、芸、若、苦、英、苺、茂、范、芽、
茶、荘、草、荻、荘、莫、華、菅、菊、菜、著、
落、葱、蒙、蒸、蔑、葉、菌、芳、萩、苗、葦、
韮、蓄、薬、藤、藩、藪、蘭　など

● P144「魚へんクイズ」

「虫」がつく漢字

蚊（か）、虻（あぶ）、蛾（が）、蝶（ちょう）、蜂
（はち）、蛇（へび）、蟬（せみ）、蠅（はえ）、蝗
（いなご）、蛭（ひる）、虹（にじ）、蠍（さそり）、
蝮（まむし）、蛤（はまぐり）、蛙（かえる）　など

「鳥」がつく漢字

鶏（にわとり）、鶴（つる）、鳩（はと）、鵜（う）、
鴫（しぎ）、鴨（かも）、鴉（からす）、鶯（うぐ
いす）、鶉（うずら）、鶫（つぐみ）、鷺（さぎ）、
鷹（たか）、鷲（わし）、雁（がん）　など

● P147「魚鳥木」のヒント

魚の名前

あじ、あゆ、あんこう、いわし、
いわな、かさご、かつお、か
れい、かわはぎ、かんぱち、
きす、このしろ、さけ、さっぱ、
さば、さんま、ししゃも、す
ずき、たい、にしん、ひらめ、
ふな、ぶり、べら、まぐろ、
ます、わかさぎ　など

鳥の名前

あほうどり、インコ、うずら、
えなが、おおるり、おしどり、
かいつぶり、かささぎ、がちょ
う、かっこう、カナリア、か
らす、きつつき、こまどり、
しじゅうから、じゅうしまつ、
だちょう、つる、にわとり、
ひばり、むくどり　など

木の名前

いちょう、うばめがし、うめ、
かいどう、かし、かや、からた
ち、きょうちくとう、きんもく
せい、くぬぎ、ぐみ、けやき、
さくら、しらかば、せんだん、
そてつ、なら、はなみずき、
ひいらぎ、ひのき、ぶな、まつ、
もくれん、やつで　など

● P154「アラーム爆弾＋和洋中」の追加メニュー

和食

たくあん、お新香、のり、卵
かけご飯、卵焼き、かつお節、
胡麻和え、豆腐、甘納豆、み
そ汁、潮汁、タケノコご飯、
栗ご飯、ハマグリご飯、きん
ぴらごぼう、ナスみそ炒め、
押しずし　など

洋食

オムレツ、チキンライス、ピ
ラフ、ハムエッグ 、ベーコン
エッグ、ハッシュドビーフ、
ビーフストロガノフ、エビフ
ライ、カキフライ、カルパッ
チョ、ラザニア、ナポリタン、
ミートソース　など

中華料理

水餃子、小龍包、春巻き、ホ
イコーロー、八宝菜、油淋鶏、
麻婆春雨、バンバンジー、
ジャージャーメン、杏仁豆腐、
ちまき、サンラータン、北京
ダック、上海焼きそば、エビ
チャーハン　など

ゲーム名さくいん

ゲーム名の末尾に＊がついているものはアレンジゲーム、★がついているものは罰ゲームです。

191

小山 混 (こやま こん)

イラストレーター。東京生まれ。立教大学卒。ゴルフルール研究家としての執筆・活動のかたわら、「稲城市青少年育成会」や「ねいちゃーさーくるいなぎ」などの生涯教育活動を通じて、子どもたちとレクリエーションゲームを楽しみ、地域の人に脳トレ・手指体操を指導する。ほのぼのとしたマンガタッチのイラストが得意で、新聞・雑誌・Webにイラストを寄稿。著書に『脳イキイキ！ 手あそび指あそび』『最新版よくわかるゴルフルール』『はじめてのゴルフルール』（以上、主婦の友社）、『英語とゴルフ一石二鳥』（ゴルフダイジェスト社）がある。

ホームページ＜小山混のイラストゴルフ塾＞
http://www.ne.jp/asahi/com/koyama/

装丁	今井悦子（MET）
本文デザイン	金沢ありさ、大城貴子（プランBデザイン）
撮影	柴田和宣（主婦の友社写真課）
動画制作	山内純子
モデル	河合瑞穂・朔哉・瑛人・匠、北川知花・心、木庭弥生・政、玉置 舞・璃杏・向日葵・暖
レクリエーション指導（動画）	鈴木信隆（稲城市青年ワーカー）
校正	北原千鶴子
DTP	伊大知桂子（主婦の友社）
まとめ	山田 桂
編集担当	松本可絵（主婦の友社）
協力	稲城市青少年育成向陽台地区委員会（小越和宏、橋 謙太、小山由紀子）
参考文献	『絵で見る「もの」の数え方』（町田 健・著／主婦の友社・刊）

※本書は『New! いちばんたのしいレクリエーションゲーム』（2018年刊）に新規内容を加え、再編集したものです。

最新版 いちばんたのしいレクリエーションゲーム

2024年3月31日　第1刷発行

著 者／小山 混
発行者／平野健一
発行所／株式会社主婦の友社
　　　　〒141-0021　東京都品川区上大崎3-1-1 目黒セントラルスクエア
　　　　電話03-5280-7537（内容・不良品等のお問い合わせ）
　　　　　　　049-259-1236（販売）
印刷所／大日本印刷株式会社

©Kon Koyama 2024 Printed in Japan　ISBN978-4-07-456906-9

JASRAC 出 2400473-401